LOUISE L. HAY

La Force
est en Vous

avec la collaboration de Linda Carwin Tomchin

Traduit de l'américain
par Geneviève Blattmann

Éditeur : François Doucet
Traduction : Geneviève Blattmann
Révision linguistique : Véronique Vézina
Révision : Nancy Coulombe
Graphisme : Sébastien Rougeau
ISBN 10 : 2-89565-238-4
ISBN 13 : 978-2-89565-238-0
Première impression : 2005
Dépôt légal : troisième trimestre 2005
Bibliothèque Nationale du Québec
Bibliothèque Nationale du Canada

Éditions AdA Inc.
1385, boul. Lionel-Boulet
Varennes, Québec, Canada, J3X 1P7
Téléphone : 450-929-0296
Télécopieur : 450-929-0220
www.ada-inc.com
info@ada-inc.com

Diffusion
Canada : Éditions AdA Inc.
France : D.G. Diffusion
Rue Max Planck, B. P. 734
31683 Labege Cedex
Téléphone : 05.61.00.09.99
Suisse : Transat - 23.42.77.40
Belgique : D.G. Diffusion - 05.61.00.09.99

Imprimé au Canada

Participation de la SODEC. SODEC
Nous reconnaissons l'aide financière du gouvernement du Canada par l'entremise du
Programme d'aide au développement de l'industrie de l'édition (PADIÉ) pour nos activités
d'édition.
Gouvernement du Québec - Programme de crédit d'impôt pour l'édition de livres - Gestion
SODEC.

Catalogage avant publication de Bibliothèque et Archives Canada

Hay, Louise L

La force est en vous
Traduction de : The power is within you.
ISBN 2-89565-238-4

1. Acceptation de soi. 2. Changement (Psychologie). I. Titre.

BF575.S37H3914   155.2   C2005-941039-6

Je dédie amicalement ce livre à tous ceux qui ont suivi mes séminaires et enseignements, aux professeurs de mes séminaires, au personnel de Hay House, aux personnes si compétentes dans le cadre des sessions *Hayride*, à tous ces amis merveilleux qui m'ont écrit au cours des années, et à Linda Carwin Tomchin, sans l'aide de qui ce livre n'aurait pu voir le jour. Mon cœur a beaucoup grandi grâce à chacun d'entre vous.

Table des matières

Avant-propos

Vous trouverez beaucoup d'informations dans ce livre. Ne vous sentez surtout pas obligé de les assimiler toutes à la fois. Certaines idées retiendront votre attention ; concentrez-vous en priorité sur elles. Si vous n'êtes pas d'accord avec l'une de mes assertions, ignorez-la. Et si l'une des idées proposées dans ce livre, ne serait-ce qu'une seule, vous aide à améliorer la qualité de votre vie, alors je me réjouirai de l'avoir écrit.

Au fil de votre lecture, vous vous rendrez compte que j'utilise des termes tels que *Pouvoir, Intelligence, Esprit infini, Pouvoir supérieur, Dieu, Pouvoir universel, Sagesse intérieure...* Je le fais afin de vous montrer qu'il n'existe pas de limitation quant au nom que vous choisissez de donner au Pouvoir qui régit l'Univers et qui se trouve aussi en vous. Si l'un de ces noms vous dérange, alors changez-le, tout simplement. À une époque, lorsque je lisais un livre, il m'arrivait même de rayer les mots ou noms qui ne me plaisaient pas pour les remplacer par d'autres qui me convenaient mieux. Rien ne vous empêche d'en faire autant.

Vous remarquerez aussi que j'ai changé deux termes. Je remplace *maladie* par *mal-être** pour exprimer que quelque chose n'est pas en harmonie avec vous ou votre environnement. J'écris *SIDA* en minuscules, ceci afin de minimiser la puissance du mot et, par voie de conséquence, du mal-être. Cette idée est originellement due au révérend Stephan Pieters ; nous l'avons chaleureusement accueillie et mise en application à Hay House, et encourageons vivement nos lecteurs à nous imiter.

Cet ouvrage constitue la suite de *Transformez votre Vie*. De l'eau a coulé sous les ponts depuis la rédaction de ce livre et de nombreuses idées nouvelles me sont venues. Ces idées, je souhaite les partager avec vous qui m'avez écrit au cours de toutes ces années pour me demander davantage d'informations. Pour moi, il est une chose essentielle : avoir conscience que ce Pouvoir que nous recherchons à l'extérieur est également en nous et totalement disponible pour ceux qui veulent l'utiliser de manière positive. Puisse ce livre vous révéler la force de votre propre Pouvoir.

* En anglais *disease* (maladie) et *dis-ease* (mal-être). Dans le texte français, le mot maladie est remplacé le plus souvent possible par mal-être (N.d.T.).

Introduction

Je ne suis pas une guérisseuse. Je ne guéris personne. Je me considère comme une étape sur le chemin de la découverte de soi. Je crée un espace où les gens s'exercent à se considérer comme des êtres merveilleux en apprenant à s'aimer. Mon rôle se résume à cela. Je suis une personne qui aide. J'aide les autres à prendre leur vie en charge. Je les aide à découvrir leur propre pouvoir, leur sagesse intérieure et leur force. Je les aide à déblayer les obstacles qui obstruent leur chemin afin qu'ils puissent s'aimer eux-mêmes, quelles que soient les circonstances auxquelles ils se trouvent confrontés. Ce n'est pas pour autant que nous n'aurons plus de problèmes, mais toute la différence réside dans la façon dont nous affrontons ces problèmes.

Après avoir, durant des années, conseillé des clients en consultation privée, et mis sur pied des centaines de séminaires et programmes de formation intensive aux États-Unis et à travers le monde, je me rends compte qu'il n'existe qu'un seul remède à tous les maux : s'aimer soi-même. Quand on commence à s'aimer, la vie s'améliore un peu plus chaque jour de façon surprenante. On se sent mieux. On accède aux emplois que l'on brigue ; on obtient l'argent dont on a besoin. Les relations s'améliorent ; si elles étaient négatives, elles disparaissent pour être remplacées par d'autres plus enrichissantes. Les prémisses sont simples : s'aimer soi-même. On m'a souvent reproché d'être trop simpliste, mais j'ai découvert que les choses simples sont généralement les plus profondes.

Quelqu'un m'a dit récemment : « Vous m'avez offert le plus merveilleux des cadeaux — moi-même. » Nous nous cachons bien souvent à nous-mêmes, si bien que nous ne nous connaissons même pas. On ne sait pas qui l'on est, on ignore ce que l'on veut. La vie est un voyage menant à la découverte de soi-même. Être éveillé signifie pour moi rentrer en soi, comprendre qui et ce que l'on est réellement, et savoir que l'on a la capacité de s'améliorer en s'aimant et en prenant soin de soi. Il n'est pas égoïste de s'aimer. Cela nous permet au contraire d'aimer les autres. Et la planète ne s'en portera que mieux si nous cultivons déjà l'amour et la joie sur une base individuelle.

Le Pouvoir qui a créé cet incroyable Univers est souvent nommé *amour*. *Dieu est amour.* Qui de nous n'a pas entendu dire que *l'amour fait tourner le monde.* C'est vrai. L'amour est le ciment qui assure l'union de l'Univers.

Pour moi, l'amour est une profonde estime. S'aimer soi-même signifie avoir une profonde estime pour qui nous sommes. Acceptons toutes les différentes parties de nous-même — les manies, les petits défauts, les imperfections, ainsi que les merveilleuses qualités. Acceptons le tout avec amour, inconditionnellement.

Malheureusement, beaucoup ne pourront s'aimer tant qu'ils n'auront pas perdu quelques kilos, obtenu l'emploi, l'augmentation ou l'amant qu'ils convoitent. Souvent, nous mettons une condition à notre amour. Mais nous pouvons changer. Nous *pouvons* nous aimer tels que nous sommes à cet instant !

Il y a également un manque d'amour sur notre planète. Elle souffre d'un mal-être appelé sida et de plus en plus de personnes s'éteignent chaque jour. Ce défi physique nous a donné l'occasion de franchir des barrières et d'aller au-delà de nos principes moraux, de nos différends religieux et politiques, et d'ouvrir nos cœurs. Plus nous serons nombreux à le faire, plus vite nous trouverons les réponses.

Nous sommes en train de vivre un véritable bouleversement tant au niveau individuel que global. J'ai la conviction que nous tous qui vivons cette époque avons choisi d'être ici pour participer à cette mutation, pour y contribuer, et pour aider le monde à basculer dans une ère nouvelle d'amour et de paix. À l'ère des Poissons, nous recherchions notre sauveur à l'extérieur : « Sauve-moi. Je t'en prie, prends soin de moi. » À présent, nous entrons dans l'ère du Verseau et apprenons à chercher ce sauveur en nous-mêmes. Nous sommes ce pouvoir que nous cherchions. Nous sommes responsables de notre vie.

Si vous n'êtes pas prêt à vous aimer dès maintenant, vous ne le serez pas davantage plus tard, car toute excuse alléguée aujourd'hui sera valable demain. Peut-être aurez-vous toujours cette même excuse dans vingt ans ; peut-être même quitterez-vous ce monde sans y avoir renoncé. Dès aujourd'hui, vous pouvez vous aimer totalement, sans condition.

Je souhaite contribuer à la création d'un monde où l'on peut s'aimer les uns les autres en toute sécurité, où l'on peut s'exprimer, être aimé et accepté par les autres sans jugement, critique ou préjugé. Cet amour commence par soi. « Aime ton prochain comme toi-même », dit la Bible. Trop souvent nous oublions cette dernière partie : « comme toi-même ». Nous ne pourrons jamais vraiment aimer qui que ce soit si cet amour ne prend pas sa source en nous. L'amour de soi est le plus beau cadeau que l'on puisse s'offrir, car quand on aime ce que l'on est, on ne se blesse pas et on ne blesse pas les autres. Avec la paix intérieure, plus de guerre, plus de terrorisme, plus de misère. Il n'y aurait plus ni mal-être, ni sida, ni cancer, ni pauvreté, ni famine. « Établir la paix en soi », voilà, selon moi, le remède qui apportera la paix au monde. Paix, compréhension, compassion, pardon et surtout amour. Nous possédons en nous le pouvoir d'accomplir ces changements.

Nous pouvons choisir l'amour, de la même manière que nous choisissons la colère, la haine ou la tristesse. Nous *pouvons* choisir l'amour. Il s'agit toujours d'un choix en nous. Décidons dès cet instant de choisir l'amour. L'amour est la force de guérison la plus puissante qui soit.

L'information contenue dans ce livre, que j'ai développée lors de mes conférences au cours des cinq dernières années, constitue un nouveau tremplin pour vous aider à cheminer vers la découverte de soi — une occasion de vous connaître un peu mieux et de comprendre le potentiel qui est le vôtre par droit de naissance. Vous avez la possibilité de vous aimer davantage, afin de faire partie d'un incroyable univers d'amour. L'amour prend naissance dans nos cœurs, et il commence avec nous. Laissez votre amour contribuer à la guérison de notre planète.

Louise L. Hay — Janvier 1991

Première partie

DEVENIR CONSCIENT

Quand nous élargissons nos pensées et nos croyances, notre amour s'écoule librement. Quand nous nous crispons, nous nous coupons du monde.

Chapitre 1

Le pouvoir intérieur

*Plus vous vous reliez à votre Pouvoir inté-
rieur, plus vous vous libérez.*

Qui êtes-vous ? Pourquoi êtes-vous ici ? Quelles
sont vos croyances quant à l'existence ? Depuis des
milliers d'années, les réponses à ces questions se trouvent
en soi. Mais que signifie *rentrer en soi ?*

Je crois en un Pouvoir existant en chacun de nous qui
peut, avec amour, nous procurer une santé parfaite, des
relations et une carrière parfaites, et nous apporter
l'abondance dans tous les domaines. Afin d'avoir accès à
tout ceci, nous devons avant tout avoir la conviction que
c'est possible. Ensuite, nous devons être disposés à
abandonner les schémas qui créent des conditions
d'existence que nous jugeons indésirables. Nous y
parvenons en rentrant en nous pour puiser dans ce
Pouvoir intérieur qui sait déjà ce qui est le mieux pour
nous. Si nous sommes prêts à nous abandonner à ce
Pouvoir en nous, ce Pouvoir qui nous aime et nous
assiste, notre vie peut s'en trouver grandement enrichie.

J'ai la conviction que notre esprit est constamment relié à l'Esprit Infini et que, en conséquence, il a en permanence accès à toute la connaissance et la sagesse. Nous sommes reliés à cet Esprit infini, ce Pouvoir universel qui nous a créés, à travers cette étincelle de lumière en nous, notre Conscience supérieure ou Pouvoir intérieur. Le Pouvoir universel aime toute Sa création ; Il dirige toute chose dans notre existence. Il ne sait ni haïr, ni mentir, ni punir. Il est amour, liberté, compréhension et compassion purs. Il est important de s'en remettre à notre Conscience supérieure, car à travers Elle, nous recevons notre « bien ».

Nous devons comprendre que nous avons le choix d'utiliser ce Pouvoir comme il nous sied. Si nous choisissons de vivre dans le passé en ressassant toutes les situations négatives que nous avons traversées, alors nous restons figés. En revanche, si nous prenons la décision consciente de ne pas être victimes du passé et de nous créer une vie nouvelle, alors nous serons aidés par ce Pouvoir intérieur, et de nouvelles expériences, plus heureuses celles-ci, se présenteront à nous. Je ne crois pas qu'il existe deux pouvoirs. Je crois en un Esprit infini unique. Il est trop facile de reporter la faute sur le diable ou les autres. En réalité, nous sommes seuls en cause ; soit nous usons de ce pouvoir avec sagesse, soit nous en abusons. Accueillons-nous le diable dans notre cœur ? Reprochons-nous aux autres d'être différents de nous ? Quel est notre choix ?

La responsabilité ou le blâme

Je suis aussi d'avis que nous contribuons à la création de toutes les circonstances de notre vie, bonnes ou mauvaises, avec nos schémas mentaux et émotionnels. Nos pensées créent nos émotions, et nous commençons alors à vivre en accord avec ces émotions et croyances. Nous ne devons pas pour autant nous accuser de nos revers de fortune. Il y a une différence entre être responsable et jeter l'anathème sur soi ou les autres. Quand je parle de responsabilité, je parle en réalité du pouvoir. Blâmer équivaut à renoncer à son pouvoir. Être responsable nous donne le pouvoir d'opérer des changements dans notre vie. Si nous jouons le rôle de la victime, alors nous utilisons notre pouvoir personnel pour nous entraver. Mais si nous reconnaissons notre responsabilité, nous ne perdons pas de temps à condamner quelqu'un ou quelque chose *à l'extérieur de nous.* D'aucuns se sentent coupables de leur mal-être, leur pauvreté ou leurs problèmes. Ils choisissent de confondre responsabilité et culpabilité. (On a même parlé de la *Culpabilité du Nouvel Âge.*) Leur sentiment d'échec les rend coupables à leurs propres yeux. Cependant, ils se posent généralement en coupables pour tout ce qui leur arrive, car c'est pour eux l'occasion de se dévaloriser. Ce n'est pas mon propos.

Si nous sommes capables de considérer nos problèmes et nos mal-être comme des occasions de modifier notre vie, nous détenons le Pouvoir. Nombreux sont ceux qui, après avoir triomphé d'une grave maladie, affirment que cette épreuve a été pour eux la plus belle chose qui leur soit jamais arrivée, car elle leur a permis d'envisager leur vie différemment. Beaucoup d'autres, en revanche, se lamentent : « Pauvre de moi, je suis une victime ! Par pitié, docteur, guérissez-moi ! » À mon avis, ceux-ci auront de grosses difficultés à recouvrer la santé ou à affronter l'adversité.

La responsabilité est notre capacité à bien réagir face à une situation donnée. Le choix existe toujours. Il ne faut pas pour autant nier qui nous sommes et ce que nous possédons. Il s'agit simplement de reconnaître que nous avons contribué à façonner l'être que nous sommes aujourd'hui. En devenant responsables, nous avons la possibilité de changer. Nous pouvons nous demander : « Que puis-je faire pour que les choses soient différentes ? » Nous devons comprendre que, *à tout instant,* nous avons tous un pouvoir personnel. Tout dépend de la façon dont nous en usons.

✩✩✩

Nombre d'entre nous ont désormais conscience d'être issus de foyers perturbés. Nous nourrissons beaucoup de sentiments négatifs envers nous-mêmes et l'existence. Mon enfance s'est déroulée sous le signe de la violence, y compris de l'abus sexuel. Tout amour, toute affection m'étaient refusés et je n'éprouvais aucune estime pour moi-même. Même après avoir quitté la maison à quinze ans, j'ai continué à expérimenter l'adversité sous toutes ses formes. Je n'avais pas encore pris conscience que les schémas mentaux et émotionnels que j'avais appris à l'aube de mon existence attiraient cette disgrâce sur moi.

Les enfants répondent souvent à l'atmosphère mentale des adultes autour d'eux. J'ai donc connu très tôt la peur et les sévices et j'ai persisté à reproduire ces expériences en grandissant. Je ne comprenais pas alors que j'avais le pouvoir de changer le cours des événements. J'étais implacablement dure envers moi-même, car dans mon esprit, le manque d'amour auquel je me heurtais ne pouvait être dû qu'à ma méchanceté.

Tous les événements qui se sont produits dans votre vie jusqu'à ce jour ont été créés par vos pensées et croyances du passé. N'ayez pas honte de ce passé. Considérez-le plutôt comme faisant partie de la richesse et de l'épanouissement de votre existence. Sans cette richesse, sans cet épanouissement, nous ne serions pas là aujourd'hui. Vous n'avez aucune raison de vous reprocher ce que vous avez fait. Vous avez agi au mieux, sur le moment. Libérez le passé dans l'amour et remerciez-le de vous avoir ouvert à cette nouvelle conscience.

Le passé n'a d'existence que dans notre esprit et prend la forme que nous choisissons de lui donner. *Maintenant* est l'instant que nous vivons. *Maintenant* est l'instant que nous ressentons. *Maintenant* est l'instant que nous expérimentons. Ce que nous faisons en cet instant tisse la trame de demain. Aussi, *maintenant* est le moment de prendre notre décision. Nous ne pouvons rien faire demain et nous ne pouvons rien faire hier. Nous ne pouvons agir qu'aujourd'hui. Seul compte ce que l'on choisit de penser, de croire et de dire *à cette seconde même*.

En commençant à prendre en charge, consciemment, nos pensées et nos paroles, nous avons des instruments à notre disposition. Je sais que cela peut paraître simpliste, mais n'oubliez pas, *le pouvoir s'exerce toujours dans l'instant présent*.

☆☆☆

Il est important de comprendre que votre mental ne vous contrôle pas. C'est vous qui le contrôlez. La Conscience supérieure tient les rênes. Vous pouvez juguler vos vieux schémas mentaux. Quand ils essaient de refaire surface pour vous dire : « C'est tellement difficile de changer », adressez-leur un ordre. Dites à votre mental : « Je choisis maintenant de croire qu'il m'est facile de me transformer. » Ce dialogue devra peut-être être réitéré plusieurs fois avant que votre mental reconnaisse et accepte votre nouvelle détermination.

Imaginez vos pensées comme des gouttes d'eau. Une pensée ou une goutte n'a pas grande importance. Mais, tandis que vous répétez ces pensées, encore et encore, vous remarquez d'abord une tache sur la moquette, puis une petite flaque, ensuite une mare et, à mesure que se déversent ces pensées, elles deviennent un lac et enfin un océan. Quel genre d'océan êtes-vous en train de créer ? Un océan pollué, toxique, dans lequel il est impossible de se baigner, ou un océan bleu, clair comme le cristal, qui vous invite à vous prélasser dans ses eaux rafraîchissantes ?

Souvent, les gens me disent : « Je ne peux pas m'empêcher de ressasser cette pensée. » Je leur réponds invariablement : « Mais si, vous le pouvez. » Souvenez-vous, combien de fois avez-vous refusé d'avoir une pensée positive ? Il suffit de dire à votre mental que c'est votre intention. Prenez la décision d'arrêter de penser négativement. Je ne dis pas que vous devez partir en guerre contre vos pensées pour changer. Quand une pensée négative survient, dites simplement : « Merci de participer. » Ainsi, vous ne niez pas ce qui est, mais vous ne laissez pas non plus votre pouvoir à cette pensée négative. Dites-vous que vous n'adhérez plus à cette négativité. Vous souhaitez créer une autre forme de pensée. Une fois de plus, il n'est pas nécessaire de combattre vos pensées. Reconnaissez-les et dépassez-les. Ne vous noyez pas dans le verre d'eau de votre propre négativité quand vous pouvez flotter sur l'océan de la vie.

☆☆☆

Vous avez été créé pour être une expression merveilleuse de la vie. La vie attend que vous vous ouvriez à elle, que vous vous sentiez digne des trésors qu'elle recèle pour vous. La sagesse et l'intelligence de l'Univers sont vôtres ; vous pouvez les utiliser. La vie est là pour vous soutenir. Faites confiance au Pouvoir en vous ; il est là pour vous.

Sous l'empire de la peur, il est utile de prendre conscience de votre souffle qui entre et sort de votre corps. Le souffle, la substance la plus précieuse de la vie, vous est offert sans restriction. Vous n'en manquerez jamais, tant que vous vivrez. Vous acceptez cet inestimable cadeau sans même réfléchir, et vous doutez pourtant que la vie puisse vous procurer les autres choses essentielles. Il est temps pour vous d'apprendre à vous servir de votre propre pouvoir et de prendre conscience de vos possibilités. Rentrez en vous et découvrez qui vous êtes.

☆☆☆

Nous avons tous des opinions différentes. Vous avez droit aux vôtres et j'ai droit aux miennes. Quoi qu'il se passe dans le monde, la seule chose à laquelle vous pouvez vous consacrer est votre propre bien. Vous devez prendre contact avec votre guidance intérieure, car elle est la sagesse qui connaît les réponses pour vous. Il n'est pas aisé de s'écouter soi-même quand amis et famille veulent imposer leur avis. Pourtant, toutes les réponses à toutes les questions que vous poserez jamais sont à l'intérieur de vous en ce moment.

Chaque fois que vous dites « je ne sais pas », vous fermez la porte à votre sagesse intérieure. Les messages que vous recevez de votre Conscience supérieure sont positifs ; ils vous soutiennent. Si vous recevez des messages négatifs, c'est qu'ils proviennent de l'ego et de votre conscience humaine limitée, peut-être même de votre imagination, encore que, bien souvent, des messages positifs nous parviennent par le biais de notre imagination et de nos rêves. Soutenez-vous vous-même en prenant les bonnes décisions. Si vous doutez, demandez-vous : « Est-ce une décision qui m'aidera ? Répond-elle à ce que j'attends en ce moment ? » Vous adopterez peut-être une autre position plus tard, dans un jour, une semaine ou un mois. Mais posez-vous ces questions à chaque instant.

☆☆☆

À mesure que nous apprenons à nous aimer et à faire confiance à notre Pouvoir supérieur, nous devenons co-créateurs, avec l'Esprit infini, d'un monde d'amour. Cet amour pour nous-mêmes nous aide, de victimes, à devenir vainqueurs. Il attire de merveilleuses expériences. Avez-vous déjà remarqué que les gens bien dans leur peau sont toujours très entourés ? Ils possèdent ce « je-ne-sais-quoi » qui les rend tout simplement irrésistibles. Ils sont heureux de vivre et les choses leur viennent facilement, sans effort.

J'ai appris il y a déjà longtemps que je suis un être qui fait un avec la Présence et le Pouvoir de Dieu. Je sais que la sagesse et l'intelligence de l'Esprit résident en moi et que je suis, en conséquence, divinement guidée dans mes rapports avec les autres sur cette planète. De même que les étoiles et les planètes suivent leur orbite parfaite, je suis également ma voie divine. Je ne comprends peut-être pas tout avec mon mental humain limité ; toutefois, au niveau cosmique, je sais que je suis au bon endroit, au bon moment, et que je fais ce que je dois faire. Mon expérience actuelle est une pierre sur le chemin menant à une nouvelle conscience et à de nouvelles perspectives.

Qui êtes-vous ? Qu'êtes-vous venu apprendre ici ? Qu'êtes-vous venu enseigner ? Nous avons tous un objectif unique. Nous sommes bien plus que notre personnalité, nos problèmes, nos craintes, nos mal-être. Nous sommes bien plus que notre corps. Chacun de nous est lié aux autres et à la vie, dans toutes ses manifestations. Nous sommes tous esprit, lumière, énergie, vibration et amour, et nous avons tous le pouvoir de donner un but et une signification à notre existence.

Chapitre 2

J'écoute ma voix intérieure

*Les pensées que nous choisissons d'entretenir
en nous sont les instruments qui nous servent
à tisser la trame de notre vie.*

Je me souviens de la première fois où j'ai entendu dire que je pouvais modifier ma vie si j'étais prête à modifier la forme de ma pensée. Cette idée était tout à fait révolutionnaire pour moi. Je vivais alors à New York et avais découvert la Church of Religious Science*. (Cette Église, fondée par Ernest Holmes, est souvent confondue avec la Christian Science Church**, fondée par Mary Baker Eddy. Toutes deux reflètent *la pensée nouvelle* ; cependant, leurs philosophies divergent.)

Les prêtres et les membres actifs de la Science of Mind*** dispensaient les enseignements de la Church of Religious Science. Ils furent les premiers à me dire que mes pensées façonnaient mon avenir. Même si je ne comprenais pas ce que cela signifiait, ce concept fit résonner en moi cette partie intuitive que l'on nomme la

---

*   Église de la Science Religieuse
**   Église de la Science Chrétienne
***   Science de l'Esprit

voix intérieure. Au fil des ans, j'ai appris à l'écouter, car lorsqu'elle me dit « oui », même si le choix me semble absurde, je sais qu'il est opportun pour moi.

Ces concepts ont donc fait vibrer une corde sensible. Quelque chose en moi leur donnait raison. Alors je me suis lancée dans l'aventure et j'ai appris à changer ma façon de penser. Une fois que j'eus accepté 1'idée, je cherchai par tous les moyens à la mettre en pratique. Je lus énormément et, comme beaucoup d'entre vous, je commençai à crouler sous une montagne de livres spirituels. Pendant plusieurs années, je suivis des cours et explorai tous les domaines ayant un rapport, de près ou de loin, avec ce sujet Je m'immergeai littéralement dans la philosophie *pensée nouvelle.* Pour la première fois de ma vie, je me consacrai réellement aux études. Jusque-là, je n'avais cru en rien. Ma mère était catholique à ses heures et mon beau-père athée. Je nourrissais en moi l'idée curieuse que les chrétiens faisaient pénitence ou finissaient dévorés par les lions, et leur sort ne me tentait vraiment pas.

Je me suis réellement jetée à fond dans ce que m'enseignait la Science of Mind, car c'était, à l'époque, une voie royale qui s'ouvrait à moi, et je trouvais cela franchement fantastique. Au début, je n'éprouvai aucune difficulté particulière. J'avais assimilé quelques concepts et commençais à penser et à parler un peu différemment. En ce temps-là, je me plaignais de tout et me complaisais à m'apitoyer sur mon sort. Je prenais plaisir à me vautrer dans mes malheurs. J'ignorais que j'appelais ainsi continuellement d'autres expériences propres à satisfaire ce besoin de geindre. Mais, encore une fois, à ce moment-là, je ne savais pas. Peu à peu, je m'aperçus que je ne me plaignais plus aussi souvent.

✩✩✩

Je me mis à écouter ce que je disais. Je devins consciente de mes autocritiques et tentai d'y mettre un terme. Je commençai à dire des affirmations sans trop savoir ce qu'elles signifiaient. Je débutai avec les faciles, naturellement, et de petits changements s'installèrent. À moi les feux verts et les places de parking — c'était génial ! Je me pris à penser que je savais tout et, bientôt, devins exaspérante de prétention et affreusement dogmatique. Je croyais connaître toutes les réponses. Avec le recul, je me rends compte que c'était pour moi une façon de me rassurer dans ce nouveau domaine.

S'éloigner de nos vieux systèmes de croyance rigides peut se révéler très effrayant. Cela l'était pour moi, aussi m'accrochais-je à tout ce qui pouvait me rassurer. Ce n'était toutefois qu'un début et j'avais encore un long chemin à parcourir. Ce qui est toujours le cas.

À l'instar de nombre d'entre nous, je trouvais souvent ce chemin ardu, car les affirmations ne marchaient pas à tous les coups et je ne comprenais pas pourquoi. Je me posais des questions : « Qu'est-ce que je fais de travers ? » Immédiatement, je me critiquais. Étais-je devant un nouvel exemple de mon incompétence ? Je retrouvais là mon vieux cheval de bataille favori.

À l'époque, mon professeur, Eric Pace, me regardait en parlant de *rancœur*. Je ne comprenais pas du tout où il voulait en venir. De la rancœur ? Moi ? C'était ridicule. J'étais bien engagée sur le chemin, et donc spirituellement parfaite. Ma naïveté n'avait alors vraiment pas de bornes !

✰✰✰

Je continuais à mener ma barque aussi bien que possible. J'étudiais la métaphysique et la spiritualité et cherchais à me connaître toujours plus. Je glanais des informations à droite et à gauche et, parfois, les mettais en pratique. On entend beaucoup de choses ; quelquefois, on les comprend, mais on ne les met pas toujours en application. Le temps, me semblait-il, passait très vite. À ce stade, j'étudiais la Science de l'Esprit depuis trois ans et étais devenue pratiquante de l'Église. Je commençai à enseigner la philosophie, mais ne comprenais pas pourquoi mes élèves restaient empêtrés dans leurs problèmes. Je leur donnais pourtant d'excellents conseils. Pourquoi ne les utilisaient-ils pas pour surmonter leurs difficultés ? Pas un instant il ne me vint à l'esprit que j'exprimais la vérité plus que je ne la vivais. J'étais comme un parent qui prodigue ses recommandations à l'enfant, mais fait exactement le contraire.

Et puis un jour, sans que rien, apparemment, n'ait pu le laisser prévoir, on m'a découvert un cancer du vagin. Au début, j'ai paniqué. J'ai mis en doute la validité de tout ce que j'avais appris, ce qui était une réaction normale et naturelle. Puis je me suis dit : « Si j'étais en accord avec moi-même et centrée, je n'aurais pas eu besoin de créer cette maladie. » Je pense aujourd'hui que, à l'époque, je me sentais suffisamment rassurée pour permettre à la maladie d'émerger de sorte que je puisse y remédier, plutôt que de la laisser se développer à mon insu pour se révéler trop tard.

J'avais alors dépassé le stade de jouer à cache-cache avec moi-même. Je savais que le cancer est un mal-être de rancœur que l'on retient longtemps avant qu'il ne ronge le corps. Quand on bride ses émotions, elles sont obligatoirement refoulées quelque part dans le corps. Si l'on passe sa vie à les refouler, elles finiront un jour par se manifester.

Je me rendis compte très clairement que cette rancœur (à laquelle mon professeur avait si souvent fait allusion) était liée aux sévices physiques, émotionnels et sexuels dont j'avais été victime étant enfant. Évidemment, j'étais très amère et rancunière envers ce passé. Je n'avais jamais fait aucun effort pour apaiser cette amertume ou m'en libérer. En quittant ma famille, je souhaitais surtout oublier tout ce qui m'était arrivé ; je pensais avoir effacé ces épreuves de ma mémoire alors qu'en réalité, je les avais simplement enfouies.

Quand je trouvai ma voie métaphysique, je recouvris mes sentiments d'une jolie couche de spiritualité et dissimulai un tas de détritus en moi. J'érigeai un mur autour de moi qui m'interdisait littéralement tout contact avec mes propres émotions. J'ignorais qui et où j'étais. Après le résultat des examens médicaux, le vrai travail intérieur qui allait me permettre de me connaître débuta. Dieu merci, j'avais des instruments à ma disposition. Je savais que j'allais devoir rentrer en moi-même si je voulais que ma transformation soit permanente. Oui, le médecin pourrait m'opérer et peut-être prendre mon cancer en charge sur le moment, mais si je ne modifiais pas radicalement ma façon de penser et de m'exprimer, je risquais vraisemblablement de le recréer.

Je trouve toujours intéressant d'apprendre où, dans notre corps, nous plaçons nos cancers — de quel côté du corps sont les tumeurs, à gauche ou à droite. Le côté droit représente l'aspect masculin — l'émetteur. Le gauche est l'aspect féminin — le récepteur. Pratiquement tout au long de ma vie, dès que je me heurtais à une difficulté, elle se manifestait du côté droit de mon corps. C'était là que je stockais tout mon ressentiment envers mon beau-père.

☆☆☆

Les feux verts et les places de parking ne suffisaient plus à me satisfaire. Je me devais d'aller bien plus profondément en moi. Je me rendais compte que je ne progressais pas autant que je le souhaitais ; je n'avais pas encore vraiment « vidé les poubelles » de l'enfance et ne vivais pas ce que j'enseignais. Il fallait que je reconnaisse l'enfant en moi et que je travaille avec lui. Mon enfant intérieur avait besoin de moi, car il souffrait encore beaucoup.

Je me vouai sérieusement à un programme d'auto-guérison. Je me concentrai sur *moi-même,* intégralement, sans plus me soucier d'autre chose et m'attelai, déterminée, à recouvrer la santé. Certains aspects de ce programme pouvaient paraître curieux, mais ils atteignaient malgré tout leur but. Après tout, ma vie était en jeu. Ce fut un travail de chaque instant, vingt-quatre heures sur vingt-quatre, pendant six mois. Je me mis à lire et à étudier tout ce qui me tombait sous la main concernant les différentes méthodes des médecines parallèles, car j'avais l'intime conviction qu'il était possible de guérir d'un cancer. Je suivis un régime qui me désintoxiqua de la mauvaise nourriture que je prenais depuis des années. Je garde aujourd'hui l'impression d'avoir, pendant des mois, mangé des choux de Bruxelles et de la purée d'asperges. Je sais que je ne me contentais pas que de cela, mais c'est ce qui m'a le plus marquée.

Je travaillais avec mon professeur, Eric Pace, pour nettoyer les schémas mentaux afin que le cancer ne revienne pas. Je pratiquais les méthodes des affirmations et de la visualisation, et m'imposais des « cures spirituelles ». Je m'installais régulièrement devant un miroir. Les mots les plus difficiles à prononcer étaient : « je t'aime, je t'aime vraiment ». Quand j'y parvenais, au prix d'un abondant flot de larmes, j'avais la sensation d'accomplir un saut quantique. Je voyais un bon psychothérapeute dont la spécialité était d'aider les patients à exprimer et à libérer leur colère. J'ai passé de longs moments à m'acharner sur des oreillers et à hurler. C'était

33

fantastique. Je me sentais formidablement bien, car jamais je n'avais eu la permission de me comporter ainsi.

J'ignore quelle méthode a marché ; peut-être un petit peu chacune. Avant tout, je les pratiquais avec opiniâtreté et sans m'accorder une seconde de répit. Je me remerciais avant de m'endormir pour ce que j'avais fait au cours de la journée. J'affirmais que le processus de guérison se poursuivait dans mon corps pendant mon sommeil et que je me réveillerais au matin en pleine forme. Au réveil, je me remerciais et remerciais mon corps pour le travail accompli durant la nuit. Je formulais l'affirmation que j'avais le désir de grandir, d'apprendre un peu plus chaque jour et de me transformer sans me considérer comme une personne méprisable.

Je travaillais aussi sur la compréhension et le pardon. J'étudiai à cette fin l'enfance de mes parents. Je commençai à comprendre ce qu'ils avaient subi étant enfants et me rendis compte que, pour cette raison, ils auraient difficilement pu agir autrement envers moi. Mon beau-père avait lui-même été maltraité par ses parents et avait donc reporté cette injustice sur ses enfants. Ma mère avait été élevée dans l'esprit où l'homme a toujours raison et la femme se doit de ne pas intervenir dans ses décisions. Personne ne leur avait enseigné une approche différente. C'était ainsi qu'ils appréhendaient l'existence. En comprenant peu à peu leur attitude, je pus enclencher le processus du pardon.

Plus je pardonnais à mes parents, plus il me devenait possible de me pardonner. Se pardonner soi-même est extrêmement important. Nous sommes nombreux à

adopter envers notre enfant intérieur l'attitude désastreuse que nos parents ont eue à notre égard, et c'est très
regrettable. Un enfant maltraité ne peut généralement
que subir, mais si, en grandissant, il continue à maltraiter
son enfant intérieur, c'est cette fois une catastrophe.

À mesure que je me pardonnais, ma confiance en moi
grandissait. Je découvris que si l'on ne fait pas confiance
à la vie ou aux autres, c'est en réalité un manque de
confiance en soi. Nous ne croyons pas que notre
Conscience supérieure puisse prendre soin de nous en
toute circonstance, aussi pensons-nous : « Jamais je ne re-
tomberai amoureux, je ne veux plus être blessé » ou : « Je
ne recommencerai jamais cela. » En clair, nous sommes
en train de nous dire : « Je n'ai pas assez confiance en toi
pour t'occuper de moi, donc je préfère ne prendre aucun
risque inutile. »

Peu à peu, je me fis suffisamment confiance pour
prendre soin de moi et il me devint de plus en plus aisé
de m'aimer une fois que je pus croire en moi. Mon corps
guérissait, et mon cœur aussi.

Ma croissance spirituelle s'était manifestée d'une
manière totalement inattendue.

Pour ne rien gâcher, je rajeunissais physiquement.
Les patients que j'attirais désormais souhaitaient presque
tous travailler sur eux-mêmes. Ils accomplissaient
d'énormes progrès sans que j'aie réellement à intervenir.
Ils ressentaient que je vivais les concepts que j'enseignais
et il devenait facile pour eux de les accepter. Bien sûr, ils
obtenaient des résultats positifs. Leur existence devenait

plus riche. Une fois que l'on commence à établir la paix en soi, la vie s'écoule bien plus agréablement.

Que m'a enseigné cette expérience sur le plan personnel ? J'ai pris conscience que j'avais le pouvoir de modifier ma vie si j'étais disposée à modifier mon attitude mentale et à me libérer des schémas qui me confinaient dans le passé. Cette expérience m'a donné la conviction intime que si nous sommes réellement prêts à fournir l'effort nécessaire, nous pouvons provoquer une vraie révolution dans notre esprit, notre corps et notre vie.

Où que vous soyez dans l'existence, quoi que vous ayez contribué à créer, quelles que soient les circonstances de l'instant, vous agissez toujours pour le mieux avec la compréhension, la conscience et la connaissance que vous possédez. Et quand vous en saurez davantage, vous agirez différemment, comme moi. Ne vous reprochez pas de ne pas progresser plus vite, de ne pas faire mieux. Dites-vous : « Je fais mon possible et même si je suis dans de sales draps en ce moment, je m'en sortirai de toute façon, alors autant trouver le meilleur moyen de le faire. » Si vous vous contentez de vous traiter d'imbécile et d'incapable, vous resterez coincé. Si vous voulez changer, stimulez-vous avec amour.

Les méthodes que j'utilise ne sont pas les miennes. La plupart m'ont été transmises par la Science de l'Esprit et constituent le fondement de mes cours. Cependant, ces principes sont aussi vieux que le monde. Prenez n'importe quel enseignement spirituel, vous y trouverez les mêmes messages. J'ai une formation de ministre de la Church of Religious Science ; toutefois, je n'ai pas d'Église. Je suis un esprit libre. J'exprime ces enseignements dans un langage simple qui peut être reçu par tout le monde. Cette voie est fantastique pour vous permettre d'y voir clair et vous aider à comprendre le sens de la vie ; elle vous explique comment utiliser votre esprit pour prendre votre vie en charge. Lors de mes premiers pas sur ce chemin, il y a une vingtaine d'années, jamais je n'aurais imaginé apporter espérance et aide à tous ces gens qui viennent me trouver aujourd'hui.

Chapitre 3

Le pouvoir de la parole

Chaque jour, affirmez pour vous-même ce que vous attendez de la vie. Affirmez-le comme si vous le possédiez déjà !

La loi de l'esprit

Il y a la loi de la gravité et d'autres lois physiques, comme dans les sciences physiques ou l'électricité, qui d'ailleurs me sont pour la plupart hermétiques. Il existe aussi des lois spirituelles, comme la loi de cause à effet : *tout ce que vous émettez vous revient.* Il y a également une loi de l'esprit. J'ignore comment elle fonctionne, tout comme j'ignore le mécanisme de l'électricité. Je sais seulement que quand on appuie sur l'interrupteur, la lampe s'allume.

Je crois fermement que toute pensée ou toute parole que nous émettons est captée selon une loi de l'esprit et nous revient ensuite sous forme d'expérience.

Nous sommes en train de découvrir la corrélation existant entre le mental et le physique. Nous commençons à comprendre le fonctionnement de l'esprit et découvrons que nos pensées sont créatrices. Ces pensées traversent notre esprit très vite de sorte qu'il est malaisé, au départ, de leur donner une forme.

Nos bouches, en revanche, sont plus lentes. De sorte que, si l'on filtre ses propos en écoutant ce que l'on dit, sans rien laisser de négatif franchir ses lèvres, on peut alors commencer à façonner ses pensées.

Les paroles possèdent un pouvoir extraordinaire et nombre d'entre nous n'en ont pas conscience. Considérons les mots comme le fondement de ce que nous créons continuellement dans notre vie. Nous parlons tout le temps, mais sans jamais vraiment réfléchir au sens réel de nos propos ou à la manière dont nous les émettons. Nous n'accordons que peu d'attention au choix de nos mots. En fait, la majorité d'entre nous s'expriment sous une forme négative.

À l'école, on nous a enseigné la grammaire. On nous a appris à sélectionner les mots en fonction des règles de cette grammaire. Cependant, j'ai toujours pensé que ces règles évoluent en permanence ; ce qui était correct à un moment ne l'est plus à un autre ou le contraire. Ce que l'on considérait comme de l'argot il y a encore quelques années est passé aujourd'hui dans le langage courant. Toutefois, la grammaire ne prend pas en considération la signification des mots et la manière dont ils affectent notre vie.

D'un autre côté, on ne m'a pas appris à l'école que mon choix de vocabulaire aurait un rapport avec les expériences auxquelles je serais confrontée dans la vie. Personne ne m'a expliqué que mes pensées étaient créatrices, ni qu'elles pouvaient littéralement façonner mon existence. Personne ne m'a dit que ce que je manifesterais sous la forme de mots me reviendrait sous la forme d'expériences. Le but de la règle d'or était de nous enseigner une loi fondamentale de l'existence : « Sois avec autrui comme tu le serais avec toi-même. » Ce que vous émettez vous est retourné. Cette loi n'a pas été conçue pour susciter la culpabilité. Personne ne m'a jamais appris que j'étais digne d'être aimée et méritais une bonne vie. Et personne non plus ne m'a dit que la vie était là pour me soutenir.

Je me rappelle que, enfants, nous nous donnions souvent des noms cruels et vexants, et cherchions à nous humilier les uns les autres. Pourquoi ? Où avons-nous appris un tel comportement ? Pensez à votre éducation. Nos parents, pour la majorité d'entre nous, nous reprochaient continuellement notre bêtise, notre paresse, notre manque de bon sens. À leurs yeux, nous étions des pestes et jamais à la hauteur de leurs espérances. Parfois même, nous les entendions exprimer leurs regrets de nous avoir mis au monde. Sans doute ces propos nous blessaient-ils, mais nous ignorions, naturellement, que la douleur et l'amertume s'enracineraient aussi profondément en nous.

Modifier notre bavardage mental

Trop souvent, nous avons accepté les messages de nos parents : « Mange tes épinards », « Range ta chambre » ou « Fais ton lit », autant de choses par lesquelles il nous fallait passer pour être aimés. Et dans notre esprit s'est imprimée l'idée que l'acceptation et l'amour étaient conditionnels. Toutefois, cette échelle de valeurs appartenait à quelqu'un d'autre et n'avait rien à voir avec ce que nous valions réellement. Mais nous avons fini par croire que nous ne pourrions exister qu'à travers ces actions accomplies pour plaire aux autres et que, sinon, nous n'avions même pas la permission d'exister.

Ces messages reçus très tôt dans la vie contribuent à structurer ce que j'appelle le *bavardage mental* (la façon dont on se parle à soi-même). La nature de ce bavardage est très importante, car elle devient la base de notre dialogue avec les autres. Elle définit l'atmosphère mentale dans laquelle nous évoluons et qui attire à nous les expériences. Si nous nous déprécions, la vie n'aura pratiquement aucun sens pour nous. Si nous nous aimons, si nous reconnaissons notre valeur, alors elle sera un cadeau merveilleux.

Si nous sommes malheureux, insatisfaits, il est facile de blâmer nos parents ou les autres, de prétendre que c'est *leur* faute. Cependant, en agissant ainsi, nous demeurons enlisés dans nos problèmes, dans nos frustrations. Les reproches ne nous apporteront pas la liberté. Rappelez-vous que les mots ont un pouvoir. Encore une fois, notre pouvoir nous est acquis quand nous prenons notre vie en charge. Je sais que cette responsabilité peut effrayer mais, que nous le voulions ou non, nous ne pouvons nous y soustraire. Et si nous voulons être responsables de notre vie, nous devons être responsables de nos propos. Les mots que nous prononçons sont les prolongements de nos pensées.

★★★

Commencez à écouter ce que vous dites. Si vous vous entendez prononcer des paroles négatives ou restrictives, changez-les. Quand j'entends une histoire négative, je ne la répète à personne. Je me dis qu'elle a déjà bien assez circulé et je tire un trait dessus. Si on me raconte une histoire positive, je la répète au contraire autour de moi. En compagnie d'autres personnes, écoutez ce qu'elles disent et la manière dont elles le disent. Voyez si vous pouvez faire un lien entre leurs propos et ce qu'elles vivent. Très nombreux sont ceux qui emploient sans cesse le verbe *devoir*. *Devoir* est un mot auquel mon oreille est très habituée. C'est comme si une cloche tintait chaque fois que je l'entends. Il n'est pas rare que quelqu'un emploie ce verbe une douzaine de fois en quelques minutes. Et la même personne se demande pourquoi sa vie est si rigide ou pour quelle raison elle ne peut se sortir d'une situation fâcheuse. Elle veut exercer son contrôle sur des choses incontrôlables. Elle s'accuse ou accuse quelqu'un d'autre. Et après, elle se demande pourquoi elle ne connaît pas la liberté.

On peut aussi rayer de notre vocabulaire l'expression *il faut que*. Cela nous libérera d'une bonne partie de la tension que nous nous imposons. On se crée un stress insupportable en disant : « Il faut que j'aille travailler. Il faut que je fasse ceci, il faut que je fasse cela... » À cette expression, préférons le verbe *choisir*. « Je choisis d'aller travailler parce que, pour l'instant, cela me permet de payer le loyer. » *Choisir* nous fait envisager la vie sous des horizons nouveaux. Tout ce que nous faisons résulte d'un choix, et ce, en dépit des apparences.

Beaucoup utilisent aussi le vocable *mais*. Nous affirmons quelque chose, et puis nous glissons un *mais* qui nous aiguille sur deux directions différentes. Nous nous adressons des messages contradictoires. Écoutez la façon dont vous utilisez ce *mais* la prochaine fois que vous vous exprimerez.

Une autre expression que nous avons intérêt à employer avec parcimonie est *n'oublie pas*. On a l'habitude de dire : « N'oublie pas ceci ou cela », et que se passe-t-il ? On oublie. On veut vraiment se rappeler et, au lieu de cela, on oublie. Alors autant remplacer *n'oublie pas* par *souviens-toi*.

✩✩✩

Quand vous vous réveillez le matin, pestez-vous à l'idée de devoir aller travailler ? Vous plaignez-vous du temps ? Maugréez-vous contre vos douleurs de dos ou votre migraine ? Quelle est la deuxième et la troisième chose que vous pensez ou dites ? Appelez-vous les enfants pour qu'ils se lèvent ? À peu de choses près, les gens tiennent tous les mêmes propos le matin. De quelle manière ces propos colorent-ils votre journée ? Est-ce joyeux, positif, agréable ? Ou bien est-ce geignard et lourd de reproches ? Si vous grognez, protestez et gémissez, vous avez de grandes chances de vivre votre journée dans la grisaille.

Quelles sont vos dernières pensées avant de vous coucher ? De puissantes pensées de guérison, ou bien songez-vous à vos infortunes ? Quand je parle d'infortune, je ne fais pas seulement allusion aux soucis pécuniaires. Ce peut être une façon négative de penser à tout ce qui vous concerne, tout ce qui, dans votre vie, ne coule pas librement. Vous souciez-vous du lendemain ? En général, je lis quelque chose de positif avant de m'endormir. J'ai conscience qu'il se produit pendant mon sommeil une importante épuration qui me prépare pour la journée à venir.

Je trouve très utile de soumettre à mes rêves tout problème ou question qui se pose à moi. Je sais qu'ils m'aideront à assumer toutes les situations auxquelles je serai confrontée.

☆☆☆

Je suis la seule personne pouvant penser dans ma tête, de même que vous êtes la seule personne à pouvoir penser dans la vôtre. Personne ne peut vous forcer à penser différemment. Nous choisissons nos pensées et elles constituent la base de notre *bavardage mental*. Plus je comprenais le comment de ce processus, plus je vivais ce que j'enseignais. Je surveillais attentivement mes paroles et mes pensées, et me pardonnais constamment mes imperfections.

Je me permettais d'être moi, plutôt que de me débattre pour être une super-personne qui ne serait peut-être acceptable qu'aux yeux des autres.

Quand je commençai à faire confiance à la vie et à la considérer comme un espace accueillant, je m'épanouis. Mon humour devint moins caustique et plus drôle. Je pris garde de ne plus émettre ni critique ni jugement sur moi et les autres, et cessai de raconter des histoires-catastrophes. On est toujours si prompt à répandre les mauvaises nouvelles... c'est vraiment incroyable. J'arrêtai de lire les journaux et renonçai aux informations télévisées, car elles ne diffusaient que violence et calamités, et très peu de bonnes nouvelles. La plupart des gens n'ont en fait pas envie qu'on leur apprenne de bonnes nouvelles. Ils se délectent des tragédies qui leur donnent une occasion de se plaindre. Nous nous complaisons beaucoup trop à ressasser les histoires négatives ; nous finissons par croire que seul le malheur existe sur terre. Une radio avait un temps pris le parti de diffuser uniquement des bonnes nouvelles. Elle a disparu des ondes.

Pendant mon cancer, j'ai décidé d'arrêter de médire et, à ma grande surprise, je me suis rendu compte que je n'avais plus rien à dire à personne. Je m'aperçus que, chaque fois que je rencontrais une amie, je m'empressais avec elle de dénigrer, de médire. Je découvris ainsi qu'il existait d'autres façons de parler, même s'il ne me fut pas facile de renoncer à cette vieille habitude. Cependant, si je critiquais les autres, alors les autres me critiquaient probablement, puisqu'on reçoit toujours en retour ce que l'on émet.

Plus j'avançais dans mon travail, plus je me mis vraiment à l'écoute de ce que disaient les gens. Je commençai à entendre précisément les mots, et pas seulement l'idée générale. En principe, après dix minutes avec un nouveau patient, je pouvais mettre le doigt sur l'origine de son problème à travers le langage qu'il utilisait. Je pouvais comprendre mes patients à la façon dont ils s'exprimaient. Je savais que leurs paroles alimentaient leurs problèmes. Or, s'ils s'exprimaient négativement, imaginez ce que devait être leur *bavardage mental*. Il ne pouvait que refléter encore plus cette programmation négative, la pensée miséreuse, comme je l'appelle.

Je vous suggère un petit exercice : installez un magnétophone près de votre téléphone et, chaque fois que vous avez une communication, enregistrez-la. Quand les deux faces de la cassette seront pleines, écoutez vos conversations et votre façon de parler. Vous serez sans doute surpris. Vous pourrez ainsi vous rendre compte de votre choix de mots et des inflexions de votre voix. Vous deviendrez conscient. Si vous vous surprenez à répéter quelque chose trois fois ou davantage, notez-le, car il s'agit d'un schéma. Certains sont positifs et vous aident, d'autres peuvent être très négatifs et vous ne cessez de les ressasser.

Le pouvoir du subconscient

À la lumière de ce que je viens d'exposer, j'aimerais aborder le pouvoir de notre subconscient. Ce dernier ne porte pas de jugement. Il accepte tout ce que nous disons et crée en fonction de nos croyances. Il dit toujours oui. Il nous aime assez pour nous donner ce que nous affirmons. Nous avons le choix, cependant. Si nous optons pour des croyances et des concepts de désespoir, il est implicitement entendu que nous les désirons. Notre subconscient continuera à nous exaucer jusqu'à ce que nous soyons prêts à modifier nos pensées, nos paroles et nos croyances dans le bon sens. Nous ne sommes jamais bloqués parce que nous avons toujours la possibilité de modifier notre choix. Nous pouvons choisir entre des millions et des millions de pensées.

Notre subconscient ne fait pas la différence entre le bien et le mal, le vrai et le faux. Nous ne devons pas nous critiquer ou dire quelque chose comme : « Oh, que je suis bête ! », parce que le subconscient prendra ce *bavardage mental* au pied de la lettre et après nous aurons vraiment le sentiment d'être stupides. Si vous le répétez souvent, cette idée s'imprimera comme une vérité dans votre subconscient.

Le subconscient n'a aucun sens de l'humour, et il est très important de connaître et de comprendre ce point. Vous ne pouvez pas vous prendre pour cible d'une plaisanterie et n'y attacher aucune signification. Si vous vous dépréciez, même sous couvert d'humour, le subconscient le prendra pour argent comptant. Je ne laisse pas les gens se moquer d'eux-mêmes dans mes séminaires. Ils peuvent se montrer grossiers mais pas ironiques envers une nationalité, un physique ou n'importe quoi d'autre.

Ne vous dénigrez pas, même « pour rire » ; vous ne vous créerez pas de bonnes expériences. Ne vous moquez pas des autres non plus. Le subconscient ne sait pas distinguer entre vous et les autres. Il entend les paroles et il pense que vous parlez de vous-même. La prochaine fois que vous souhaitez critiquer quelqu'un, demandez-vous pourquoi vous éprouvez la même chose à propos de vous. Vous voyez uniquement chez les autres ce que vous voyez en vous-même. Au lieu de blâmer les autres, chantez leurs louanges ; en un mois, vous constaterez d'énormes changements en vous.

✩✩✩

Nos paroles relèvent vraiment d'une manière d'aborder les choses et d'une attitude. Remarquez la façon dont s'expriment les gens seuls, malheureux, indigents ou malades. Quel vocabulaire utilisent-ils ? Quelle vérité ont-ils adoptée pour eux-mêmes ? Comment se décrivent-ils ? Comment décrivent-ils leur travail, leur vie, leurs relations ? Qu'attendent-ils de l'existence ? Soyez attentif à leur choix de mots, mais surtout ne vous précipitez pas pour expliquer à des étrangers qu'ils gâchent leur vie par leur langage. Évitez aussi de le faire avec votre famille, car cette remarque serait mal reçue. Choisissez plutôt d'utiliser cette information pour vous-même et mettez-la en application si vous souhaitez orienter différemment votre existence, car si vous changez votre langage, vos expériences vont changer, elles aussi.

Si vous êtes malade et pensez que votre maladie est incurable, que vous allez mourir et que la vie ne vaut pas la peine d'être vécue parce qu'elle ne vous a jamais souri, alors devinez quoi ?

Vous pouvez choisir de vous affranchir de ce concept négatif. Commencez dès maintenant à affirmer pour vous-même que vous êtes une personne digne d'amour, qui mérite de guérir, et que vous attirez tout ce dont vous avez besoin sur le plan physique pour engendrer votre guérison. Sachez que vous souhaitez vous rétablir et qu'il n'y a aucun risque à guérir.

Beaucoup ne se sentent en sécurité que dans la maladie. Ils appartiennent généralement à une catégorie de personnes ayant du mal à dire *non*. La seule façon dont ils peuvent dire *non* est en prétextant : « Je suis trop malade pour le faire. » C'est une excuse idéale. Je me souviens d'une femme lors de l'un de mes séminaires ; atteinte d'un cancer, elle avait subi trois opérations. Elle n'avait jamais su dire *non* à quiconque. Son père était médecin et elle était la gentille petite fille à papa, et quand papa lui demandait de faire quelque chose, n'importe quoi, elle le faisait. Il était impossible pour elle de refuser. Quoi que vous lui demandiez de faire, elle se sentait obligée d'accepter. Il fallut quatre jours pour parvenir à lui faire crier « Non ! » de toutes ses forces. Je le lui ai fait faire en brandissant le poing. « Non ! Non ! Non ! » Une fois lancée, elle y a pris vraiment plaisir.

J'ai remarqué que beaucoup de femmes atteintes d'un cancer du sein ne savent pas dire *non*. Elles nourrissent tout le monde sauf elles. Une des choses que je conseille à ces femmes est d'apprendre à dire : « Non, je ne veux pas. Non ! » Deux ou trois mois à dire non à tout finiront par renverser la vapeur. Elles ont besoin de se nourrir elles-mêmes en proclamant : « C'est ce que je veux faire et non ce que *tu* veux que je fasse ! »

☆☆☆

Quand je travaillais en séances individuelles, j'écoutais mes patients se débattre dans leurs limitations et systématiquement insister pour m'expliquer pourquoi ils se sentaient coincés, dans une impasse. Si on se croit coincé et qu'on l'accepte, alors on l'est. On se met en mauvaise position parce que notre négativité y trouve son compte. Commençons plutôt par nous intéresser à nos forces.

Nombre d'entre vous m'ont affirmé que mes cassettes leur ont sauvé la vie. Je tiens à ce que vous vous rendiez compte qu'aucun livre ou cassette ne vous sauvera. Un morceau de bande magnétique dans une boîte en plastique ne vous sauvera pas la vie. Ce qui compte est ce que vous faites de l'information qui y est contenue. Je peux vous fournir une quantité d'idées, cependant, seule importe la façon dont vous les utiliserez. Je vous conseille d'écouter une cassette particulière pendant un mois ou plus afin que les idées suggérées deviennent un nouveau schéma. Je ne vous ai ni guéri ni sauvé. Vous êtes la seule personne qui pouvez opérer un changement dans votre vie.

✩✩✩

À présent, quels messages souhaitez-vous entendre ? *Je* sais que je répète ceci comme un leit-motiv — *L'essentiel est de vous aimer vous-même, car en vous aimant, vous ne vous nuisez ni à vous ni aux autres.* C'est l'ordonnance pour la paix du monde. Si je ne me fais pas de mal et que je ne vous fais pas de mal, comment pourrait-il y avoir la guerre ? Plus nous serons nombreux à penser ainsi, plus vite la planète se rétablira. Commençons par être conscients de ce qui se passe en écoutant ce que nous exprimons, à nous-mêmes et aux autres. Alors nous pourrons opérer les changements qui nous aideront à nous guérir, et à guérir par la même occasion le reste de la planète.

Chapitre 4

Reprogrammer
les vieux enregistrements

*Soyez prêt à faire le premier pas, si petit soit-
il. Concentrez-vous sur le fait que vous désirez
apprendre. De véritables miracles survien-
dront.*

Les affirmations sont vraiment efficaces

À présent que nous comprenons un peu mieux le
pouvoir de nos pensées et paroles, nous avons intérêt, si
nous souhaitons obtenir des résultats salutaires, à les
rééduquer et à les transformer en schémas positifs. Êtes-
vous disposé à changer votre *bavardage mental* en
affirmations positives ? Souvenez-vous, chaque pensée,
chaque mot prononcé est une affirmation.

Une affirmation est un point de départ. Elle ouvre la
voie de la transformation. En quelque sorte, vous dites à
votre subconscient : « Je prends mes responsabilités. Je
suis conscient que je peux faire quelque chose pour
changer. » Quand je dis *formuler des affirmations,* je parle
de choisir consciemment des phrases ou des mots qui
vous aideront soit à éliminer quelque chose de votre vie,

soit à créer quelque chose de neuf, et ceci d'une façon positive. Si vous dites : « Je ne veux plus être malade », votre subconscient entend *plus malade*. Vous devez lui exprimer clairement votre souhait. C'est-à-dire : « Je me sens merveilleusement bien. Je respire la santé. »

Le subconscient est tout d'une pièce. Il ne connaît ni la stratégie ni le calcul. Il réagit selon ce qu'il entend. Si vous dites : « Je déteste cette voiture », il ne vous offrira pas une superbe voiture toute neuve, car il ignore ce que vous désirez. Même si vous achetez une autre voiture, vous la détesterez sans doute très vite, car c'est ce que vous affirmiez. Le subconscient entend seulement *déteste cette voiture*. Vous devez spécifier vos désirs d'une façon positive : « J'ai une voiture neuve superbe qui comble tous mes besoins. »

J'ai découvert que, lorsque votre vie comporte une chose que vous n'aimez vraiment pas, la façon la plus radicale de vous en affranchir est de la bénir avec amour. « Je te bénis avec amour, je te libère et te laisse partir. » Cette méthode est valable pour les gens, les situations et les objets. Vous pouvez même l'essayer sur une habitude dont vous voulez vous débarrasser et voir ce qui arrive. J'ai connu un homme qui disait : « Je te bénis avec amour et te libère de ma vie » à chaque cigarette qu'il fumait. Au bout de quelques jours, son envie de fumer avait considérablement diminué et, en quelques semaines, il avait arrêté.

Vous méritez ce qui est bon pour vous

Réfléchissez une minute. Que désirez-vous vraiment à cet instant ? Que désirez-vous aujourd'hui dans votre existence ? Pensez-y, puis déclarez : « J'accepte pour moi-même » (ce que vous désirez). C'est là, j'ai pu m'en rendre compte, que, pour la plupart, nous nous bloquons.

Le nœud du problème est de croire que nous ne méritons pas ce que nous désirons. Notre pouvoir personnel réside dans la façon dont nous percevons notre mérite. Notre « non-droit » au mérite vient des messages de notre enfance. Une fois encore, nous devons nous ôter de la tête l'idée que ces messages sont un obstacle inéluctable à notre transformation. Souvent, les gens me disent : « Louise, les affirmations ne marchent pas. » En fait, les affirmations n'y sont pour rien ; au fond de vous, vous vous croyez indigne de ce qui est bon pour vous.

Pour savoir si vous pensez mériter quelque chose, prononcez une affirmation et notez les pensées qui surgissent. Écrivez-les, car une fois qu'elles seront posées sur papier, elles vous apparaîtront très clairement. Le seul obstacle au fait de vous trouver méritant, ou de vous aimer, est l'opinion de quelqu'un d'autre que vous avez acceptée pour vérité.

Quand on ne croit pas mériter ce qui est bon pour soi, on s'expose à des déboires. On peut créer le chaos autour de soi, égarer des choses, se blesser ou se heurter à des difficultés physiques comme une chute ou un accident.

Nous devons sans tarder être convaincus que nous méritons ce que la vie a de mieux à offrir.

Afin de reprogrammer les croyances erronées ou négatives, quelle est la première pensée dont vous auriez besoin pour ébaucher la création de ce que vous souhaitez ? Qu'auriez-vous besoin de savoir ? de croire ? d'accepter ?

Vous pouvez commencer avec de bonnes pensées telles que :

- *« J'ai du mérite. »*
- *« Je m'aime. »*
- *« Je m'autorise à être comblé. »*

Ces concepts sont la base même de vos croyances, base sur laquelle vous pouvez construire. Utilisez-les comme des fondations pour vos affirmations afin de créer ce que vous souhaitez.

☆☆☆

Chaque fois que je donne une conférence, quelqu'un vient me voir à la fin ou m'écrit par la suite pour me dire avoir expérimenté une guérison pendant que je parlais. Cette guérison est parfois mineure, parfois réellement impressionnante.

Une femme vint me trouver récemment pour me dire que la boule qu'elle avait au sein avait totalement disparu. Quelque chose avait résonné en elle et elle avait décidé de lâcher prise. C'est une excellente démonstration de notre pouvoir. Quand nous ne sommes pas prêts à nous abandonner, que nous nous accrochons délibérément à quelque chose qui nous est utile d'une manière ou d'une autre, quoi que nous fassions, nos efforts demeureront probablement vains. Mais si nous sommes disposés à lâcher prise, comme cette femme, la circonstance la plus anodine peut se révéler favorable pour nous libérer.

Si vous êtes encore esclave d'une habitude dont vous ne pouvez pas vous affranchir, demandez-vous de quelle manière elle vous sert. Quel profit en tirez-vous ? Si vous n'obtenez pas de réponse, reformulez la question autrement. « Si je perds cette habitude, que se passera-t-il ? » Bien souvent, la réponse est : « Ma vie s'en trouvera améliorée. » Autrement dit, et encore une fois, nous nous croyons indignes d'une vie meilleure.

Passer commande à la cuisine cosmique

La première fois que vous formulez une affirmation, elle sonne peut-être faux. Mais rappelez-vous que les affirmations sont comme des graines. Si vous plantez une graine en terre, vous n'obtiendrez pas une fleur le lendemain. Vous devrez vous armer de patience pendant qu'elle pousse. Les résultats d'un travail d'affirmation mené avec constance peuvent se manifester sous diverses formes : vous lâchez enfin ce dont vous ne voulez plus et l'affirmation se réalise ; ou bien une nouvelle voie s'ouvre à vous. Ou bien encore vous avez peut-être une idée géniale, à moins qu'un ami ne vous appelle pour vous dire : « Tu as déjà essayé ça ? » Vous serez conduit à l'étape suivante qui vous aidera.

Formulez toujours vos affirmations au présent. Vous pouvez les chanter et en faire un refrain qui se répétera inlassablement dans votre tête. Rappelez-vous que vous ne pouvez pas activement impliquer quelqu'un dans votre affirmation. Affirmer « John est maintenant amoureux de moi » est une forme de manipulation et équivaut à vouloir contrôler la vie d'autrui. Attention à l'effet boomerang. Vous serez très malheureux en n'obtenant pas ce que vous souhaitez. Vous pouvez dire en revanche : « Je suis maintenant aimée d'un homme fantastique qui est _____. » Là, vous énumérez les qualités que vous espérez trouver dans une relation. Ainsi, vous permettez au Pouvoir en vous de vous apporter la personne idéale qui correspondra au portrait, et qui sera peut-être John.

Vous ignorez en quoi consiste la leçon spirituelle des autres et vous n'avez aucun droit d'intervenir dans leur vie. Vous ne voudriez certainement pas qu'on le fasse pour vous. Si quelqu'un est malade, bénissez-le et offrez-lui paix et amour, mais ne demandez pas sa guérison.

J'aime comparer la formulation des affirmations à une commande que l'on envoie à la *cuisine cosmique*. Quand vous êtes au restaurant, vous ne suivez pas la serveuse jusqu'à la cuisine pour vous assurer que le cuisinier a bien eu votre commande ou pour surveiller la façon dont il prépare les plats. Vous attendez tranquillement en buvant un verre et en bavardant avec la personne qui vous accompagne. Vous supposez que votre repas est en cours de préparation et que vous l'aurez quand il sera prêt. C'est la même chose quand nous commençons à formuler des affirmations.

Quand vous passez une commande à la *cuisine cosmique,* le chef cuisinier, votre Pouvoir supérieur, se met au travail.

Par conséquent, vous continuez à mener votre vie en sachant qu'on s'occupe de vous. La commande est passée ; elle est en route.

Maintenant, si le plat arrive et qu'il ne correspond pas à ce que vous aviez demandé, vous pouvez, si vous vous respectez, le renvoyer. Sinon, vous le consommerez. Vous avez le même droit avec la *cuisine cosmique.* Si vous n'obtenez pas exactement ce que vous avez commandé, vous pouvez déposer plainte : « Non, ce n'est pas tout à fait cela ; voici ce que je veux. » Peut-être avez-vous manqué de clarté dans votre commande.

L'idée, là aussi, est de lâcher prise. À l'issue de mes méditations, j'ai recours à la formule : *Qu'il en soit ainsi.* C'est une façon de dire : « Pouvoir supérieur, c'est entre tes mains à présent, je m'en remets à toi. »

Reprogrammer le subconscient

Nos pensées s'accumulent et, à notre insu, les vieilles pensées refont surface. Quand nous reprogrammons notre mental, il est normal et naturel que nous progressions lentement. Deux pas en avant, un pas en arrière. Cela fait partie de l'apprentissage. Je ne crois pas qu'il existe une seule technique que vous puissiez maîtriser à cent pour cent sur-le-champ.

Vous souvenez-vous de vos balbutiements en informatique ? Ce n'est pas évident de se servir d'un ordinateur, n'est-ce pas ? Il faut s'exercer. Vous avez dû en apprendre le fonctionnement, les règles et les mécanismes. J'avais baptisé mon premier ordinateur « Ma Fée », car une fois que j'en eus maîtrisé l'emploi, il fit réellement souffler un vent de magie dans mon univers. Pourtant, sa façon de m'indiquer mes erreurs ou mes fourvoiements consistait en la destruction pure et simple de tout mon travail qu'il ne me restait plus qu'à recommencer. Grâce à ces erreurs, j'ai appris à nager dans le courant de cette technologie.

Pour nager dans le courant de la Vie, vous devez prendre conscience que votre subconscient est comme un ordinateur : si vous le programmez avec des pensées négatives, il vous fournira des expériences négatives. Oui, c'est vrai, il faut du temps et de l'entraînement pour acquérir de nouvelles façons de penser. Soyez patient. Quand vous apprenez quelque chose de nouveau et que les vieux schémas réapparaissent, vous dites-vous : « Je n'ai donc rien appris » ou bien : « Bon, ce n'est pas grave, je recommence de la nouvelle manière »?

Admettons que vous ayez résolu un problème et pensiez ne plus jamais y être confronté. Comment saurez-vous que vous l'avez vraiment surmonté à moins de vous mettre à l'épreuve ? Aussi, faites resurgir la situation une fois de plus et observez votre réaction. Si vous reprenez incontinent vos vieux réflexes, alors vous saurez que la leçon n'est pas encore assez apprise et qu'il vous faut la travailler davantage. C'est tout. Ce test est destiné à situer votre progression. Si vous commencez à formuler vos affirmations, ces nouvelles vérités sur vous-même, vous vous donnez l'occasion de réagir différemment. Que ce soit un problème de santé, financier ou relationnel, si vous réagissez d'une façon neuve à la situation, c'est que vous êtes sur le point de l'éliminer ; vous pourrez alors passer à autre chose.

Pensez aussi que vous travaillez progressivement, par couches. Vous pouvez avoir atteint un palier et vous imaginer être arrivé. Et puis le vieux problème resurgit et vous vous blessez, ou vous retombez malade, et vous ne parvenez pas à vous rétablir. Observez bien les croyances sous-jacentes. Vous serez peut-être obligé de fournir davantage d'efforts parce que vous atteignez une couche plus profonde.

N'allez pas imaginer, si une difficulté que vous pensiez avoir résolue resurgit, que vous n'êtes pas assez bien. En découvrant que je n'étais pas méprisable, même si je me retrouvais devant un vieux problème, il me devint bien plus facile de continuer. J'appris à me dire : « Louise, tu te débrouilles très bien. Regarde combien tu as déjà avancé. Tu as seulement besoin de t'exercer davantage. Et je t'aime. »

☆☆☆

J'ai la conviction que chacun d'entre nous décide de s'incarner sur cette planète à un moment et à un lieu particuliers. Nous avons choisi de venir ici apprendre une leçon précise qui nous fera évoluer sur notre chemin spirituel. Une des façons de permettre au processus de vie de se dérouler pour vous d'une manière positive et saine est d'affirmer vos vérités personnelles. Prenez la décision de vous écarter des croyances restrictives qui vous ont empêché de satisfaire vos désirs. Proclamez que vos schémas mentaux négatifs seront gommés de votre esprit. Laissez partir vos peurs et vos fardeaux. Depuis longtemps déjà, je suis persuadée de la véracité des affirmations qui suivent et elles m'ont été très bénéfiques :

- « *Tout ce* que *j'ai besoin* de *savoir m'est révélé.* »
- « *Tout ce dont j'ai besoin vient* à *moi* dans *l'intervalle espace-temps idéal.* »
- « *La vie est joie et pleine d'amour.* »
- « *Je suis digne* d'*amour, j'aime et* je *suis aimée.* »
- « *Je suis* en *excellente santé et débordante d'énergie.* »
- « *Je prospère* dans *tous les domaines.* »
- « *Je désire changer et grandir* » et
- « *Tout est pour le mieux* dans *mon monde.* »

J'ai appris qu'on n'arrive pas à rester positif en permanence, ce qui est vrai pour moi aussi. Autant que possible, je considère la vie comme une expérience merveilleuse et pleine de joie. Je sais qu'il n'existe pour moi aucun danger. Je m'en suis fait une règle.

J'ai l'intime conviction que tout ce que j'ai besoin de savoir m'est révélé, aussi je garde les yeux et les oreilles grands ouverts. À l'époque de mon cancer, je me souviens d'avoir pensé qu'un réflexothérapeute me serait très utile. Un soir, j'assistai à une conférence. Généralement, je me place dans les premiers rangs, car j'aime être près du conférencier ; cependant, ce soir-là, je n'ai pas eu le choix et j'ai dû m'asseoir au dernier rang. Je venais de m'installer quand un réflexothérapeute est venu prendre place à côté de moi. Nous avons engagé la conversation et j'ai appris qu'il se déplaçait même à domicile. Je n'ai pas eu à le chercher, il est venu à moi.

Je suis également persuadée que tout ce dont j'ai besoin vient à moi dans l'intervalle espace-temps idéal. Quand un problème survient dans ma vie, je me dis immédiatement : « Tout est pour le mieux, je le sais. C'est une leçon, une expérience, et je la franchirai avec succès. Il se passe là quelque chose qui contribue à mon plus grand bien. Respire. Tout va bien. » Je m'efforce de m'apaiser afin d'être en mesure de penser rationnellement à ce qui se passe et, bien sûr, je sors victorieuse de l'épreuve. Cela demande peut-être un peu de temps mais, parfois, des situations qui s'annonçaient très mal trouvent une issue très positive ou, tout au moins, elles ne sont pas les catastrophes qu'elles promettaient d'être. Tout événement a quelque chose à nous apprendre.

Je pratique beaucoup le *bavardage mental* positif, matin, midi et soir. Je m'exerce à m'aimer et à aimer les autres autant que possible. Mon amour grandit tout le temps. Ce que je fais aujourd'hui est bien plus que ce que je faisais il y a six mois ou un an. Je sais que, d'ici un an, ma conscience et mon cœur se seront élargis, et je ferai davantage encore. Je sais que je deviens ce que je pense, aussi je choisis de croire à des choses fantastiques. À une époque, ce n'était pas le cas ; je me rends compte ainsi que j'ai grandi, et je continue à travailler sur moi-même.

Je crois aussi à la méditation. Pour moi, la méditation, c'est s'asseoir et interrompre son dialogue intérieur suffisamment longtemps pour entendre sa propre sagesse. Quand je médite, je ferme généralement les yeux, prends une longue inspiration et demande : « Qu'ai-je besoin de savoir ? » Je reste immobile et attends. Je peux aussi demander : « Que dois-je apprendre ? Quelle est la leçon à tirer de ceci ? » Quelquefois, nous pensons devoir remédier à toute chose, alors que nous sommes seulement censés tirer une leçon de la situation.

Lorsque je commençai à méditer, je souffris de vio0=-lentes migraines pendant les trois premières semaines. C'était pour moi un exercice inhabituel qui venait à l'encontre de mon programme intérieur coutumier. Cependant, je persistai et les migraines finirent par disparaître.

Si vous sentez monter en vous une forte négativité quand vous méditez, cela signifie peut-être qu'elle a besoin de se révéler et profite de votre paix intérieure pour surgir. Contentez-vous de l'observer. N'essayez pas de la combattre. Permettez-lui de continuer à se manifester tant que cela est nécessaire.

Si vous vous endormez en méditant, ce n'est pas grave. Laissez le corps faire ce dont il a envie, il s'équilibrera de lui-même en temps voulu.

☆☆☆

La reprogrammation de nos croyances négatives est une méthode très puissante. Une excellente façon de procéder consiste à enregistrer une cassette avec votre propre voix formulant vos affirmations. Écoutez-la en vous endormant. C'est d'une importance capitale pour vous, car il s'agit de votre propre voix. Une cassette encore plus puissante serait celle où la voix de votre mère vous affirmerait combien vous êtes merveilleux et à quel point elle vous aime. Une fois que vous avez la cassette, il est bon de détendre le corps avant d'entamer la reprogrammation. Certains aiment commencer par les orteils pour remonter jusqu'au sommet de la tête, alternant la contraction et la relaxation. D'une manière ou d'une autre, libérez la tension. Laissez les émotions se dissiper. Mettez-vous en état d'ouverture et de récep-tivité. Plus vous serez détendu, plus il vous sera facile d'absorber l'information. Rappelez-vous, c'est toujours vous qui contrôlez la situation et vous n'êtes jamais en danger.

Il est très louable d'écouter des cassettes, de lire des livres sur l'éveil de la conscience et de formuler vos affirmations. Mais que faites-vous pendant les vingt-trois heures trente minutes restantes de la journée ? C'est ce qui importe réellement. Si vous vous asseyez pour méditer, puis courez agresser quelqu'un à votre travail, cela compte aussi. La méditation et les affirmations sont très recommandées, mais les autres moments sont tout aussi importants.

Traitez le doute comme un pense-bête amical

Beaucoup de personnes me demandent si elles formulent correctement leurs affirmations et si elles sont vraiment efflcaces. J'aimerais que vous modifiiez un peu votre manière de voir le *doute*. Pour moi, le subconscient réside dans le plexus solaire, là où vous éprouvez les émotions fortes. En cas d'événement soudain, ne ressentez-vous pas une puissante sensation dans cette région ? C'est en quelque sorte le centre de réception et de stockage de tout ce qui se passe.

Depuis notre plus tendre enfance, les messages que nous avons reçus, ce que nous avons fait, les expériences que nous avons vécues, ce que nous avons dit, tout ceci est engrangé dans ce placard, là, dans la région du plexus solaire. J'aime à imaginer qu'il existe des petits messagers là-dedans et que, à chacune de nos pensées ou expériences, les messages sont emmagasinés et classés par les messagers dans le dossier approprié. Beaucoup d'entre nous ont constitué ainsi des dossiers étiquetés : *Je ne suis pas bien. Je n'y arriverai jamais. Je me débrouille très mal.* Et nous nous sommes complètement laissés écraser sous ces dossiers. Et soudain, nous formulons des affirmations telles que : *Je suis fantastique et je m'aime.* Lorsqu'ils les reçoivent, les messagers se demandent : « Mais qu'est-ce que c'est ? Où doit-on le classer ? On n'a jamais rien eu de pareil ! »

Alors les messagers appellent le *Doute*. « Doute ! Viens voir un peu ce qui se passe. » Le *Doute* prend le message et s'adresse à l'esprit conscient : « Qu'est-ce que c'est ? Tu as toujours prétendu le contraire. » D'une manière consciente, nous pouvons réagir de deux façons. Nous pouvons dire : « Oui, tu as raison, je ne suis bon à rien. Je suis un minable. Désolé, je me suis trompé de message », et retourner à nos vieux schémas. Ou nous pouvons répondre : « C'était le vieux message. Il ne me sert plus à rien à présent. Le nouveau message, c'est celui-ci. « Dites au *Doute* de sortir un dossier neuf parce qu'il y aura désormais beaucoup de messages positifs. » Apprenez à considérer le doute comme un ami et non un ennemi, et remerciez-le de vous interroger.

✩✩✩

Ce que vous faites dans ce monde n'est pas déterminant. Que vous soyez directeur de banque ou éboueur, ménagère ou marin, cela n'a aucune importance. Vous possédez en vous cette sagesse reliée à la Vérité universelle. Si vous êtes prêt à vous tourner vers l'intérieur et à poser une simple question telle que : « Qu'est-ce que cette expérience essaie de m'enseigner ? » et si vous êtes disposé à écouter, alors vous obtiendrez la réponse. Nous sommes pour la plupart si occupés à jouer dans le film que nous appelons notre vie que nous n'entendons rien.

N'abdiquez pas votre pouvoir en faveur de l'image qu'ont les autres du vrai ou du faux. Ils ont ce pouvoir sur nous uniquement quand nous leur abandonnons le nôtre. Dans de nombreuses cultures, on voit des groupes abandonner leur pouvoir à autrui. Dans notre civilisation, les femmes remettent leur pouvoir aux hommes. On entend des choses comme : « Mon mari ne me permettra pas de faire ceci. » C'est certainement un bon exemple d'abdication de pouvoir. Si vous y croyez, vous vous enfermez dans une prison où vous ne pourrez rien faire à moins d'avoir la permission d'autrui. Plus vous avez l'esprit ouvert, plus vous pouvez changer et grandir.

Une femme m'a un jour confié que, quand elle s'est mariée, elle manquait totalement d'assurance en raison de son éducation. Il lui a fallu des années pour se rendre compte que ce conditionnement la maintenait prisonnière. Elle rendait tout le monde — son mari et sa belle-famille — responsable de ses problèmes. Finalement, elle divorça, mais persista cependant à imputer ses misères à son mari. Elle mit dix ans pour changer ses schémas et recouvrer son pouvoir. Avec le recul, elle prit conscience qu'elle était seule responsable de sa soumission et de son silence — et non pas son mari ni ses beaux-parents. Ils étaient là pour lui renvoyer l'image de ce qu'elle éprouvait en elle : un sentiment d'impuissance.

Ne vous laissez pas non plus influencer par vos lectures. Je me souviens, il y a plusieurs années, d'avoir lu quelques articles dans un magazine très connu ; il se trouve que je m'y connaissais un peu sur les sujets abordés. À mon avis, les informations étaient totalement erronées. Le magazine perdit toute crédibilité pour moi et je ne l'ai plus lu pendant longtemps. Vous êtes la seule autorité dans votre vie, alors ne pensez pas que ce qui est imprimé est toujours la vérité.

Terry Cole-Whittaker a écrit un excellent livre intitulé *What You Think Of Me Is None Of My Business* (Ce que vous pensez de moi ne me regarde pas). C'est vrai. Ce que vous pensez de moi n'est pas mon affaire, mais c'est la vôtre. Ce que vous pensez de moi sort de vous sous forme vibratoire et, finalement, vous reviendra.

Quand notre esprit s'éclaire, quand nous devenons conscients de nos faits et gestes, nous pouvons commencer à transformer notre vie. La vie est vraiment là pour nous. Il suffit de demander. Dites à la vie ce que vous souhaitez et laissez venir à vous ce qui est bon pour vous.

Deuxième partie

ÉLIMINER LES BARRIÈRES

Nous devons comprendre ce qui se passe en nous afin de savoir ce qu'il convient de laisser partir. Au lieu de cacher notre douleur, nous pouvons nous en libérer totalement.

Chapitre 5

Comprendre les blocages qui vous entravent

Les schémas chroniques de culpabilité, de haine et de critique envers soi-même élèvent le niveau de tension du corps et affaiblissent le système immunitaire.

À présent que nous comprenons un peu mieux le pouvoir que nous possédons, voyons ce qui nous empêche de l'utiliser. Je pense que pratiquement tout le monde a des barrières, de quelque nature qu'elles soient. Même quand nous travaillons beaucoup sur nous-mêmes et parvenons à dissoudre les blocages, de nouvelles couches de vieilles barrières font leur apparition.

Nous nous sentons pour la plupart très imparfaits et pensons qu'il en sera toujours ainsi. Si nous trouvons une faiblesse en nous, nous allons en trouver chez les autres également. Si nous persistons à dire : « Je ne peux pas faire ceci parce que ma mère disait ..., ou mon père disait ... », nous ne sommes pas encore des adultes.

Vous avez maintenant envie de renverser ces barrières, voire d'apprendre quelque chose de nouveau.

Une seule phrase suffira peut-être à susciter une pensée nouvelle.

Imaginez comme il serait fantastique si, chaque jour, vous pouviez apprendre une nouvelle idée qui vous aiderait à vous affranchir du passé et à créer l'harmonie dans votre vie. En devenant conscient et en comprenant le processus individuel de l'existence, vous saurez quelle direction prendre. Si vous mettez votre énergie à vous connaître vous-même, vous finirez par voir les problèmes que vous avez besoin de résoudre.

Nous sommes tous confrontés à des défis. Personne n'y échappe. Personne ne franchit l'existence sans défi. Sinon, quel serait l'intérêt de venir dans cette école appelée Terre ? Pour certains, ces défis sont d'ordre physique, pour d'autres relationnels, professionnels ou financiers. Et certains ont un petit peu ou beaucoup de tout.

Selon moi, l'un des problèmes majeurs est le suivant : pour la plupart, nous n'avons pas la moindre idée de ce dont nous devons nous libérer. Nous savons ce qui ne marche pas et nous savons aussi ce que nous attendons de l'existence, toutefois nous ignorons ce qui nous empêche d'y accéder. Alors arrêtons-nous un instant pour considérer les blocages qui nous entravent.

☆☆☆

Réfléchissez un moment à vos schémas, à vos problèmes et à ce qui vous freine. Dans quelle catégorie entrent-ils ? La critique, la peur, la culpabilité ou la rancœur ? J'appelle ces catégories les Quatre Grandes. Vers laquelle penchez-vous ? La mienne est un mélange de critique et de rancœur. Peut-être, comme moi, en avez-vous deux ou trois. Est-ce la peur qui surgit toujours, ou la culpabilité ? Êtes-vous très critique et plein de ressentiment ? Laissez-moi vous signaler que la rancœur est de la colère refoulée. Si vous pensez ne pas avoir le droit d'exprimer votre colère, vous avez emmagasiné une bonne dose de rancœur.

On ne peut nier ses sentiments, ce serait trop facile. Quand on m'a appris mon cancer, j'ai dû me regarder en face. J'ai été forcée de reconnaître certains travers que je répugnais à admettre. J'étais, par exemple, pleine de rancœur, avec beaucoup d'amertume par rapport à mon passé. Je me dis : « Louise, tu n'as plus le temps de te laisser aller à ces sentiments. Tu dois vraiment changer. » Ou bien, comme le dit Peter Mc Williams : « Tu n'as plus les moyens de t'offrir le luxe d'une pensée négative. »

Vos expériences reflètent toujours vos croyances intimes. Analysez vos expériences et vous pourrez en déduire la nature de vos croyances. Cela vous gênera peut-être, mais si vous prenez les personnes de votre entourage, elles reflètent toutes une de vos croyances sur vous-même. Si l'on vous critique sans arrêt dans le cadre de votre travail, c'est sans doute parce que vous êtes vous-même critique et êtes à votre tour devenu le parent qui à une époque critiquait l'enfant. Tout dans votre existence est le miroir de ce que vous êtes. Quand un événement se produit qui nous met dans l'embarras, nous avons l'occasion de regarder en nous et de dire :

« De quelle manière est-ce que je contribue à cette expérience ? Qu'est-ce qui, en moi, croit mériter ceci ? »

☆☆☆

Nous avons tous des schémas familiaux et il nous est très facile de reporter nos griefs sur nos parents, notre enfance ou notre environnement, mais une telle attitude nous bloque. Nous ne nous libérons pas. Nous restons des victimes et perpétuons les mêmes problèmes encore et encore.

En fait, ce que les autres vous ont fait ou vous ont appris dans le passé ne compte pas. Aujourd'hui est un jour nouveau. Vous êtes désormais responsable. Aujourd'hui est l'instant où vous créez l'avenir dans votre vie et votre monde. Et ce que je dis n'importe pas non plus, car *vous seul* pouvez faire le travail. *Vous seul* pouvez changer vos manières de penser, de ressentir et d'agir. Je vous affirme seulement que vous *pouvez* le faire. Vous en êtes capable, car vous possédez en vous un Pouvoir supérieur qui peut vous aider à vous affranchir de ces schémas si vous le Lui permettez.

Songez que, bébé, vous vous aimiez pour ce que vous étiez. Aucun bébé ne se reproche d'avoir des hanches trop rondes. Les bébés sont ravis simplement d'avoir un corps. Ils expriment leurs sentiments. Quand un bébé est heureux, vous le savez, et quand il est en colère, vous le savez également Tout le voisinage aussi, par la même occasion. Ils n'ont pas peur de laisser les gens savoir ce qu'ils éprouvent. Ils vivent l'instant présent. À une époque, vous avez été ainsi. Mais en grandissant, vous avez écouté les gens autour de vous et avez appris la peur, la culpabilité et la critique.

Si vous avez grandi dans une famille où le dénigrement était monnaie courante, vous serez sans doute un adulte critique. Si votre famille vous interdisait d'exprimer votre colère, vous avez probablement une peur bleue des éclats de voix et des conflits, et vous refoulez votre colère qui reste bloquée dans votre corps.

Si, dans votre famille, tout le monde était pétri de culpabilité, vous vous comportez sans doute de la même manière aujourd'hui. Vous êtes sûrement de ceux qui s'excusent sans cesse et ne peuvent jamais rien demander de façon directe. Vous avez l'impression qu'il vous faut manipuler d'une manière ou d'une autre pour obtenir ce que vous souhaitez.

En grandissant, nous commençons à prendre ces idées fausses à notre compte et à perdre contact avec notre sagesse intérieure. Aussi devons-nous impérativement nous affranchir de ces idées et retrouver la pureté d'esprit où réside notre véritable amour pour nous-mêmes. Nous devons rétablir la merveilleuse innocence de la vie et la joie de chaque instant, la même joie qu'éprouve l'enfant dans son bienheureux état d'émerveillement.

✩✩✩

Songez à ce que vous souhaitez voir devenir réalité pour vous-même. Formulez-le d'une manière positive et non négative. À présent, placez-vous devant un miroir et répétez vos affirmations. Voyez les obstacles qui se dressent. Quand vous commencez à formuler une affirmation du type : « Je m'aime et m'approuve », notez attentivement les messages négatifs qui se manifestent, car à mesure que vous les reconnaîtrez, ils deviendront les sésames qui ouvriront la porte de votre liberté. Généralement, ces messages appartiennent à l'une des quatre catégories mentionnées plus haut — la critique, la peur, la culpabilité, la rancœur. Et vous avez probablement appris ces messages des personnes qui appartiennent à votre passé.

Certains d'entre vous ont choisi pour cette vie des tâches ardues et je crois sincèrement que nous sommes venus ici pour nous aimer en dépit de ce que les autres disent ou font. Nous avons toujours la possibilité de dépasser les limitations de nos parents ou amis. Si vous étiez une bonne petite fille ou un bon petit garçon, vous avez hérité de l'attitude étriquée de vos parents face à la vie. Vous voyez, vous n'êtes pas mauvais, vous êtes un enfant modèle. Vous avez appris exactement ce que vos parents vous ont enseigné. À présent que vous êtes adulte, vous faites la même chose. Combien d'entre vous s'entendent répéter ce que leurs parents disaient ? Félicitations ! Ils étaient d'excellents professeurs et vous de très bons élèves, mais maintenant il est temps pour vous de commencer à penser pour vous-même.

Nous sommes nombreux à éprouver une certaine résistance quand, devant le miroir, nous répétons nos affirmations. Cependant, la résistance est la première étape du changement. Qui ne veut pas changer ? Mais dès qu'on nous invite à essayer quelque chose de différent, nous protestons : « Moi ? Mais je ne veux pas faire cela ! »

D'autres éprouveront peut-être un sentiment de détresse. Souvent, quand vous dites à votre reflet : « Je t'aime », l'enfant en nous répond : « Et où étais-tu, depuis tout ce temps ? J'attendais un signe de toi ». Des ondes de tristesse déferlent, car vous avez négligé et ignoré cet enfant pendant très, très longtemps.

Un jour, lorsque je proposai cet exercice dans l'un de mes séminaires, une femme avoua avoir vraiment très peur. Quand je lui demandai la raison de sa frayeur, elle me confia avoir été victime d'un inceste. Nous sommes nombreux à avoir connu cette expérience nommée inceste et nous apprenons à la surmonter. Il est intéressant de constater que ce n'est pas un phénomène rare. On lit actuellement beaucoup de choses sur l'inceste, cependant, je ne pense pas qu'il se produise plus souvent à notre époque qu'auparavant. Nous sommes à un stade où nous considérons que les enfants ont des droits et pourtant nous cautionnons tacitement cette plaie hideuse de la société. Afin de nous affranchir de ce problème, nous devons d'abord le reconnaître et ensuite travailler pour le dépasser.

La thérapie s'avère très utile pour les victimes de l'inceste. Nous avons besoin d'un espace où nous nous sentons en sécurité afin de pouvoir travailler à surmonter ces émotions. Une fois que la colère et la honte sont exprimées, nous pouvons accéder à l'espace où nous pourrons nous aimer. Ce que nous affrontons importe peu ; nous devons garder à l'esprit que ces émotions qui apparaissent ne sont *que* des émotions. Nous ne vivons plus l'expérience. Nous devons nous efforcer de rassurer notre enfant intérieur. Nous devons nous remercier pour avoir eu le courage de survivre à cette épreuve. Parfois, quand nous affrontons un problème tel que l'inceste, il est difficile d'accepter que l'autre personne faisait de son mieux à l'époque, avec la compréhension, la conscience et la connaissance qu'elle possédait alors. Les actes de violence proviennent toujours de personnes qui ont elles-mêmes subi la violence. Nous avons tous besoin de guérir. En apprenant à aimer et à chérir ce que nous sommes, nous ne blesserons plus personne.

Cessez toute critique

Nous nous critiquons généralement et sans cesse toujours pour les mêmes choses. Quand allons-nous nous rendre compte que la critique ne mène à rien ? Essayons une autre tactique. Approuvons ce que nous sommes dès maintenant. Les gens critiques attirent souvent beaucoup de critiques, car leur schéma est de critiquer. On émet et on reçoit en retour. Ils peuvent aussi éprouver le besoin d'être toujours parfaits. Mais qui est parfait ? Avez-vous déjà rencontré quelqu'un de parfait ? Moi pas. Toute critique envers quelqu'un est en réalité dirigée contre soi-même.

Les autres sont un reflet de nous-mêmes ; ce que nous voyons chez l'autre, nous le voyons chez nous. Souvent, nous refusons certains aspects de ce que nous sommes. Nous nous cachons derrière l'alcool, le tabac, la drogue, la suralimentation ou autre chose. Ce sont des moyens de nous punir de ne pas être parfaits — mais être parfaits pour qui ? Qui cherchons-nous encore à satisfaire ? Soyez désireux de vous libérer de cela. *Soyez*, tout simplement. Vous découvrirez que vous êtes fantastique tel que vous êtes à cet instant même.

Si vous avez toujours été très critique, avec un regard négatif sur la vie, il vous faudra du temps pour passer à plus d'amour et de tolérance. Vous apprendrez la patience en renonçant progressivement à la critique qui n'est qu'une habitude et non la réalité de votre être.

Imaginez comme la vie serait belle si nous pouvions vivre sans être critiqués par quiconque. Nous nous sentirions totalement à l'aise, tranquilles. Chaque matin annoncerait une journée merveilleuse, car tout le monde nous aimerait et nous accepterait sans jugement, sans reproche. Vous pouvez vous offrir ce bonheur en acceptant davantage les facettes de vous-même qui vous rendent unique et spécial.

L'expérience qui consiste à vivre avec soi-même peut être fabuleuse. Vous pouvez vous réveiller le matin et éprouver la joie de passer une nouvelle journée avec vous-même.

Quand vous vous aimez, vous exprimez automatiquement ce que vous avez de plus louable. Je ne dis pas que vous serez meilleur, car cela impliquerait que vous n'êtes pas assez bien en ce moment. Toutefois, vous trouverez des façons plus positives de satisfaire vos désirs et d'exprimer davantage qui vous êtes réellement.

La culpabilité nous donne un sentiment d'infériorité

Très souvent, les gens vous envoient des messages négatifs, car c'est un moyen très facile de vous manipuler. Si quelqu'un essaie de vous culpabiliser, demandez-vous : « Que veut-il ? Pourquoi agit-il ainsi ? » Posez-vous cette question au lieu d'abonder intérieurement dans son sens : « Oui, c'est ma faute, je suis coupable, je dois faire ce qu'il me dit. »

De nombreux parents manipulent leurs enfants avec la culpabilité, car ils ont eux-mêmes été élevés à cette école. Ils ont recours au mensonge pour rabaisser leurs enfants. Certaines personnes continuent à être manipulés par famille et amis en grandissant, car, d'une part, ils ne se respectent pas eux-mêmes, sinon ils n'autoriseraient pas cet état de fait et, d'autre part, ils sont eux-mêmes des manipulateurs.

Vous êtes nombreux à vivre sous une chape de culpabilité. Vous vous sentez toujours en tort, ou pas à votre place, ou vous éprouvez le besoin de vous excuser pour n'importe quoi. Vous refusez de vous pardonner une action du passé. Vous vous reprochez ce qui vous arrive. Laissez cette chape se dissoudre. Désormais, vous n'avez plus besoin de vivre de cette façon.

Ceux d'entre vous qui éprouvent cette culpabilité peuvent maintenant apprendre à dire *non* et à tenir tête face à la mauvaise foi des autres. Je ne dis pas qu'il faille leur en vouloir, mais il est inutile de jouer leur jeu plus longtemps. Si dire « non » est nouveau pour vous, dites-le très simplement. « Non. Non, je ne ferai pas cela. » Ne vous justifiez pas, sinon le manipulateur utilisera vos excuses pour vous faire changer d'avis. Quand les gens se rendront compte qu'ils ne peuvent plus vous manipuler, ils n'insisteront pas. Les autres vous contrôlent tant que vous les autorisez à le faire. Vous vous sentirez peut-être coupable la première fois où vous direz non, mais cela deviendra rapidement plus facile.

☆☆☆

Une femme, rencontrée lors d'une de mes conférences, avait mis au monde un bébé atteint d'une maladie cardiaque congénitale. Elle se sentait coupable, car elle pensait que c'était sa faute — qu'elle avait nui à l'enfant. Malheureusement, la culpabilité ne résout rien. Dans son cas, personne n'avait rien à se reprocher. Je lui ai suggéré que, à mon avis, l'âme de l'enfant avait peut-être délibérément fait ce choix et que cette épreuve pouvait être une leçon pour lui et sa mère. J'espérais, par ma réponse, l'inciter à s'aimer elle-même et à aimer son enfant, et à renoncer à se sentir coupable. Ce genre de culpabilité ne peut guérir personne.

Si vous faites quelque chose à contrecœur, arrêtez de le faire. Si une certaine action du passé vous laisse encore des remords, pardonnez-vous. Si vous pouvez faire amende honorable, faites-le, et ne recommencez pas la même erreur. Chaque fois que la culpabilité surgit dans votre vie, posez-vous les questions : « Quelle opinion ai-je encore de moi ? À qui suis-je en train d'essayer de plaire ? » Notez les croyances de l'enfance qui refont surface.

J'ai remarqué chez les victimes d'accidents de voiture une très profonde culpabilité et un besoin de punition. Il peut également y avoir beaucoup d'hostilité réprimée, car nous pensons ne pas avoir le droit de nous exprimer pour nous-mêmes. La culpabilité appelle la punition, aussi devenons-nous nos propres juge, jury et geôlier — en nous condamnant nous-mêmes à la prison. Nous nous punissons et aucun avocat, personne, ne prend notre défense. Il est temps de nous pardonner et d'ouvrir la porte de notre prison.

☆☆☆

Une femme âgée, participant à l'un de mes séminaires, éprouvait une très forte culpabilité vis-à-vis de son fils unique qui était devenu un homme excessivement introverti. Elle se sentait coupable, car elle l'avait élevé de manière très stricte. Je lui expliquai qu'elle avait fait de son mieux, avec ses possibilités du moment. Je pense que cet homme l'a choisie pour mère avant de s'incarner dans cette vie, si bien que, d'un point de vue spirituel, il savait parfaitement ce qu'il faisait. Je lui dis encore qu'elle gâchait son énergie à se sentir coupable de quelque chose qu'elle ne pouvait changer. Elle soupira. « C'est tellement dommage qu'il soit ainsi, je regrette tellement ma mauvaise éducation. »

Vous voyez, c'est réellement de l'énergie gaspillée, car ces remords n'aident personne — ni le fils ni la mère. La culpabilité devient un fardeau très lourd et suscite un sentiment d'infériorité.

Je lui ai conseillé, chaque fois que cette culpabilité réapparaissait, de prononcer une formule du type : « Non, je ne veux plus de ce sentiment. Je désire apprendre à m'aimer. J'accepte mon fils exactement comme il est. » Si elle persiste dans cette attitude, le schéma commencera à se modifier.

Même si on ne sait pas comment s'aimer, c'est le fait d'y être *disposé* qui compte. À quoi bon s'accrocher aux vieux schémas ? La leçon est toujours la même : *aimez-vous vous-même*. La leçon de cette femme n'était pas de guérir son fils, mais de s'aimer. Il est venu dans cette vie pour s'aimer. Elle ne peut pas le faire pour lui et il ne peut pas le faire pour elle.

✩✩✩

Les religions organisées sont souvent très fortes pour éveiller la culpabilité. Beaucoup d'entre elles ne ménagent pas leurs efforts pour maintenir les gens dans le droit chemin, surtout les jeunes. Cependant, nous ne sommes plus des enfants et n'avons plus besoin d'être pris en main. Nous sommes des adultes capables de choisir nos croyances. L'enfant en nous ressent la culpabilité, mais l'adulte qui est aussi en nous peut lui apprendre autre chose.

Quand vous vous empêchez d'exprimer vos émotions ou de dire quelque chose, vous fomentez le désordre en vous. Aimez-vous assez pour vous permettre d'éprouver vos émotions. Permettez à vos sentiments de se manifester. Vous passerez peut-être des jours à pleurer ou à tempêter. Vous devrez peut-être affronter nombre de vieux problèmes. Je vous suggère de formuler des affirmations qui vous aideront à franchir cette étape plus aisément, plus en douceur :

- *« Je me libère maintenant facilement de toutes mes vieilles croyances négatives. »*
- *« Il m'est facile de changer. »*
- *« Ma voie est désormais dégagée. »*
- *« Je me suis affranchi du passé. »*

Ne jugez pas non plus vos émotions. Cela ne contribuerait qu'à les refouler davantage. Si vous connaissez de terribles crises ou dilemmes, affirmez que vous êtes en sécurité et que vous êtes disposé à vivre vos émotions. Affirmer ces sentiments positifs vous apportera des changements bénéfiques.

Chapitre 6

Exprimer vos émotions

Un drame peut devenir notre bien le plus précieux si nous le considérons d'une façon susceptible de nous faire grandir.

Libérer la colère d'une manière positive

Tous, nous avons tôt ou tard affaire à la colère. C'est une émotion honnête. Quand elle n'est pas exprimée, elle est traitée à l'intérieur, dans le corps, et se développe généralement en mal-être ou trouble quelconque.

Comme pour la critique, ce sont généralement les mêmes choses qui suscitent notre colère, et cela d'une façon répétitive. Quand nous jugeons ne pas avoir le droit d'exprimer notre colère, nous la refoulons, ce qui provoque la rancœur, l'amertume ou un sentiment de dépression. Aussi est-il salutaire de gérer cette colère quand elle surgit.

Il existe plusieurs manières positives de le faire. L'une des meilleures consiste à parler ouvertement à la personne concernée et à libérer les émotions bloquées. Vous pouvez dire : « Je vous en veux parce que _____. »

Quand on a envie de crier contre quelqu'un, c'est que la colère couve depuis longtemps ; souvent en raison d'une impossibilité de parler à la personne. Aussi, la seconde meilleure façon de vous affranchir de cette colère est de vous adresser à la personne dans le miroir.

Trouvez un endroit où vous vous sentez à l'aise et où vous ne serez pas dérangé. Regardez votre reflet dans les yeux. Si vous n'y parvenez pas, concentrez-vous sur votre nez ou votre bouche. Voyez-vous vous-même et/ou la personne à qui vous reprochez d'avoir mal agi envers vous. Replacez-vous dans le contexte où vous vous êtes emporté et laissez la colère affluer de nouveau en vous. Commencez à expliquer à cette personne la raison exacte de votre ressentiment. Exprimez-lui toute votre colère. Vous pourriez dire une chose du genre :

- *« Je suis en colère contre toi parce que_____. »*
- *« Je suis blessé parce que tu_____. »*
- *« J'ai très peur parce que tu_____. »*

Laissez sortir toutes vos émotions. Si vous éprouvez le besoin de vous exprimer physiquement, prenez des coussins et frappez. N'ayez pas peur de laisser votre colère se déployer. Vous n'avez déjà que trop longtemps jugulé vos émotions. Vous n'avez aucune raison de vous sentir coupable ou honteux. Rappelez-vous que nos émotions sont des pensées en action. Elles servent un but et quand vous les évacuez de votre esprit et de votre corps, vous permettez à un nouvel espace de se créer pour d'autres expériences plus positives.

Quand vous avez fini d'exprimer votre colère, efforcez-vous de pardonner. Le pardon est un acte de liberté pour vous-même, car c'est vous qui en bénéficierez. Si vous ne pouvez pardonner à quelqu'un, alors cet exercice devient une simple affirmation négative et ne vous aidera pas à guérir. Il y a une différence entre *libérer* et simplement *ressasser* de vieilles rancœurs. Vous pourriez dire par exemple :

« *Bien, cette situation est réglée. Elle appartient désormais au passé. Je n'approuve pas ton attitude, mais je comprends cependant que tu faisais de ton mieux avec la connaissance et la compréhension que tu avais sur le moment. Quant à moi, j'en ai fini avec cela. Je te libère. Tu es libre et je suis libre.* »

Vous devrez peut-être répéter cet exercice plusieurs fois avant de vous sentir réellement débarrassé de votre colère. Vous souhaiterez peut-être aussi travailler sur une colère spécifique ou sur plusieurs. Faites ce qui vous semble bon pour vous.

☆☆☆

Il existe encore d'autres méthodes pour décharger sa colère. Vous pouvez hurler dans un oreiller, donner des coups de pied dans des coussins, vous acharner sur un matelas ou un punching-ball. Vous pouvez écrire une *lettre de haine,* et la brûler ensuite. Vous pouvez crier dans votre voiture — vitres fermées. Vous pouvez aller sur un court de tennis ou sur un terrain de golf et frapper des balles. Vous pouvez faire du sport, nager, courir autour du pâté de maisons. Vous pouvez écrire ou dessiner vos émotions en utilisant votre main non dominante — le processus créatif est un exutoire naturel pour les émotions.

Un homme, à l'un de mes séminaires, m'a dit avoir utilisé un minuteur avant de crier dans un oreiller. Il s'était donné dix minutes pour exprimer toutes ses rancœurs et frustrations envers son père. Après cinq minutes, il était épuisé et, toutes les trente secondes, il regardait le minuteur pour se rendre compte qu'il avait encore quelques minutes pour continuer.

Quant à moi, je tapais dans mon lit et faisais beaucoup de bruit Je ne peux plus maintenant parce que mes chiens prennent peur et s'imaginent que ma colère est dirigée contre eux. Alors je crie dans la voiture, c'est très efficace, ou bien je creuse un trou dans le jardin.

Comme vous le voyez, vous pouvez faire preuve d'imagination pour libérer vos émotions. Je vous conseille l'exercice physique pour vous débarrasser des émotions emmagasinées — sans prendre de risque. Ne soyez pas imprudent, ne mettez personne en danger, ni vous ni les autres. Pensez aussi à communiquer avec votre Pouvoir supérieur. Allez en vous chercher la réponse à votre colère ; elle existe et vous la trouverez. Il est très apaisant de méditer et de visualiser votre colère s'écoulant librement de votre corps. Envoyez de l'amour à l'autre personne et voyez-le dissoudre la disharmonie qui existe entre vous. Soyez désireux de devenir harmonieux. Peut-être votre colère est-elle là pour vous rappeler que vous communiquez mal avec les autres. En le reconnaissant, vous pourrez y remédier.

Il est étonnant de constater le nombre de personnes qui me disent être devenues bien plus heureuses depuis qu'elles ont éliminé une colère envers quelqu'un. C'est comme si un lourd fardeau leur avait été enlevé. Une de mes élèves avait du mal à manifester sa colère. Sur le plan intellectuel, elle comprenait ses émotions, cependant elle ne pouvait les exprimer ouvertement. Une fois, elle se permit de le faire et martela ses oreillers, hurla et traita sa mère et sa fille alcoolique de tous les noms. Et elle se sentit soulagée d'un poids énorme. Quand sa fille lui rendit visite, ensuite, elle se jeta à son cou. Elle avait permis à l'amour de pénétrer en elle à la place laissée vacante par la colère.

☆☆☆

Peut-être êtes-vous de ceux qui ont été en colère une bonne partie de leur vie. Vous êtes sujet à ce que j'appelle la *colère machinale.* Un événement se produit et vous montez sur vos grands chevaux. Un autre événement survient, et vous êtes de nouveau furieux. Encore un autre, et vous êtes encore en colère, mais vous n'allez jamais plus loin. La colère machinale est puérile — vous voulez toujours que les choses se passent à votre façon. Il serait utile de vous demander :

- *« Pourquoi est-ce que je choisis de me mettre en colère à tout propos ? »*

- « *Comment est-ce que je m'y prends pour créer sans arrêt des situations qui me mettent hors de moi ?* »
- « *Est-ce la seule manière pour moi de réagir face à la vie ?* »
- « *Est-ce que je désire ?* »
- « *Qui suis-je encore en train de punir ? Ou d'aimer ?* »
- « *Pourquoi est-ce que je veux être dans cet état ?* »
- « *Quelle est, selon moi, la raison de ces colères ?* »
- « *Quelle image de moi est-ce que je projette qui donne aux autres l'envie de me provoquer ?* »

En d'autres termes, pourquoi pensez-vous avoir besoin d'être en colère pour vous affirmer ? Je ne nie pas qu'il existe des injustices et que votre colère est parfois légitime. Néanmoins, la colère machinale est mauvaise pour votre corps, car elle se loge en lui.

Notez ce sur quoi vous vous focalisez la plupart du temps. Asseyez-vous devant un miroir pendant une dizaine de minutes et interrogez-vous. « Qui es-tu ? Que veux-tu ? Qu'est- ce qui te fait plaisir ? Que puis-je faire pour te rendre heureux ? » L'heure est venue de faire autre chose. Créez un nouvel espace en vous pour l'amour, l'optimisme et la joie.

☆☆☆

Nombreux sont ceux qui deviennent irritables dès qu'ils sont au volant. Ils expriment souvent leur exaspération envers les mauvais conducteurs. Les écarts de conduite automobile d'autrui ont depuis longtemps fini de me contrarier. Ma façon de conduire est la suivante : d'abord, j'émets de l'amour dans la voiture quand j'y monte. Ensuite, je sais et j'affirme que je suis toujours entourée de conducteurs fantastiques, émérites et heureux. Je ne suis entourée que de bons conducteurs. Grâce à mes croyances et à mes affirmations, il m'arrive rarement de rencontrer des chauffards. Ils sont ailleurs, en train d'ennuyer ceux qui crient et brandissent le poing.

☆☆☆

Votre voiture est un prolongement de vous-même, à l'instar de toute chose ou de tout être, aussi mettez de l'amour en elle et envoyez-en aux autres dans les rues et sur les routes. Pour moi, les pièces de votre voiture sont analogues aux parties de votre corps.

Par exemple, une de mes élèves se plaignait de n'avoir « aucune visibilité »; elle ne voyait pas où sa vie la menait ni où elle souhaitait aller. Un matin, elle se réveilla pour constater que son pare-brise avait été cassé. De même, un homme que je connaissais se trouvait « coincé » dans son existence. Il n'avançait pas, ne reculait pas non plus, mais demeurait sur place. Sa voiture eut un pneu crevé et il ne put plus se déplacer du tout. Je sais que cela peut sembler tiré par les cheveux, au début, mais je trouve fascinant que la technologie employée par ces gens pour décrire leur état mental du moment corresponde également à leur voiture. « N'avoir aucune visibilité » signifie être incapable de voir devant soi. Le pare-brise procure une métaphore idéale, tout comme « être coincé » est un exemple parfait pour un pneu à plat. La prochaine fois que votre voiture a un problème, notez ce que, selon vous, représente la pièce endommagée et voyez si vous pouvez établir un rapport avec votre état d'esprit du moment. Vous serez peut-être surpris du résultat. Un jour, j'écrirai un petit livre et l'intitulerai : *Soignez votre Voiture.*

Il fut un temps où les gens ne comprenaient pas le rapport corps/esprit. Nous devons maintenant élargir encore davantage notre point de vue et comprendre le rapport machine/esprit. Toute situation dans votre vie est une leçon et peut être négociée de façon à ce qu'elle vous soit profitable.

✩✩✩

La colère n'a rien de spécial. Personne n'échappe à cette expérience. L'astuce consiste à la reconnaître pour ce qu'elle est et à canaliser cette énergie vers une direction plus saine. Si vous tombez malade, ne vous mettez pas en colère. Au lieu de déverser de la bile dans votre corps, remplissez-le d'amour et pardonnez-vous. Ceux d'entre vous qui soignent les autres devraient penser à prendre aussi soin d'eux-mêmes. En vous oubliant, vous ne vous rendez pas service, pas plus qu'à vos amis ou à votre famille. Vous vous épuiserez. Faites aussi ce qu'il faut pour exprimer vos émotions. Une fois que vous aurez appris à gérer votre colère de façon positive et profitable pour vous, vous verrez beaucoup de changements merveilleux survenir dans la qualité de votre vie.

La rancœur est source d'une variété de maux

La rancœur est une colère refoulée depuis longtemps. Le problème primordial avec la rancœur est qu'elle se loge dans l'organisme, généralement toujours à la même place ; en temps venu, elle fermente et vous ronge le corps et, bien souvent, se transforme en tumeur et cancer. En conséquence, refouler la colère et la laisser s'installer dans le corps est très déconseillé pour la santé. Une fois encore, il est temps d'éliminer ces émotions.

Pour la plupart, nous avons été élevés dans des familles où il était interdit d'exprimer sa colère. Aux femmes, en particulier, on apprenait que la colère était *mauvaise.* Aussi avons-nous appris à refouler notre colère plutôt qu'à l'exprimer. Nous pouvons à présent nous rendre compte que c'est nous qui perpétuons le système. Et personne d'autre.

Une huître prend un grain de sable et le recouvre d'une multitude de couches de calcite jusqu'à en faire une très belle perle. De la même manière, nous couvons nos blessures émotionnelles et les dorlotons en visionnant sans cesse le même vieux film dans notre esprit. Si nous voulons définitivement guérir de ces blessures, si nous voulons nous en affranchir, alors il est temps de les dépasser.

Une des raisons qui pousse les femmes à se créer kystes et tumeurs dans l'utérus est à mon sens ce que j'appelle le syndrome du *il m'a fait du mal*. Les organes génitaux représentent, soit la partie la plus masculine du corps, le principe masculin, soit la partie la plus féminine, le principe féminin. Quand une personne traverse une crise émotionnelle, généralement lors d'une relation amoureuse, elle la place dans cette région. Une femme la placera peut-être dans sa partie la plus féminine et couvera la blessure jusqu'à ce qu'elle devienne un kyste ou une tumeur.

☆☆☆

Étant donné que la rancœur est profondément enfouie en nous, nous aurons sans doute à fournir un gros effort pour l'éliminer. Je reçus un jour une lettre d'une femme qui travaillait sur sa troisième tumeur cancéreuse. Elle n'avait toujours pas dissout le schéma de la rancœur et continuait à créer de nouvelles tumeurs. Je voyais que son amertume lui paraissait tout à fait justifiée. Et il lui était plus facile de laisser le médecin l'opérer que de pardonner. Elle aurait eu tout à gagner à travailler sur les deux fronts à la fois. Les médecins sont là pour ôter les tumeurs, mais nous seuls pouvons les empêcher de réapparaître.

Parfois, nous préférerions mourir plutôt que de changer nos schémas. Et c'est exactement ce qui se passe. J'ai remarqué que de nombreuses personnes choisissent de renoncer à la vie plutôt que de changer leurs habitudes alimentaires. C'est très pénible quand ce genre de chose arrive à un proche et que nous sommes conscients du choix qui s'offre à lui.

Mais quelle que soit la solution que nous adoptions, elle sera toujours la bonne pour nous et il n'y a pas à critiquer, même si nous quittons ce monde. Nous le quitterons tous un jour ou l'autre et trouverons la façon appropriée de le faire le moment venu.

Une fois encore, nous n'avons pas à nous reprocher d'avoir failli ou d'avoir mal fait. Nous n'avons pas à nous sentir coupables. Personne n'a *mal* agi. Chacun fait ce qu'il peut avec la compréhension et la conscience à sa disposition sur le moment. Rappelez-vous que nous avons tous le Pouvoir en nous et que nous sommes ici pour apprendre certaines leçons. Notre Moi supérieur connaît notre destin dans cette vie ; il sait ce que nous devons apprendre afin de progresser dans le processus d'évolution. Nous ne sommes jamais en tort — nous sommes, tout simplement. Nous sommes tous engagés dans un voyage sans fin à travers l'éternité et connaîtrons encore une multitude de vies. Ce que nous ne comprenons pas dans celle-ci nous sera sans doute plus accessible dans une autre.

Les émotions réprimées mènent à la dépression

La dépression est une colère rentrée. C'est également une colère que, selon vous, vous n'avez pas le droit d'exprimer. Vous estimez peut-être ne pas devoir vous emporter contre vos parents, votre conjoint ou votre meilleur ami. Pourtant, vous êtes furieux et vous vous sentez coincé. La colère devient dépression. Beaucoup trop de personnes aujourd'hui souffrent de dépression, et même de dépression chronique. Et une fois que nous sommes réellement déprimés, il devient difficile de remonter la pente. Le désespoir nous étreint au point que toute action exige un effort.

Quel que soit votre degré de spiritualité, vous devez faire la vaissele de temps à autre. Vous ne pouvez pas laisser les assiettes sales s'empiler dans l'évier et prétendre : « Oh, moi je suis plutôt intéressé par la métaphysique. » C'est la même chose pour vos émotions ; si vous voulez avoir l'esprit clair, faites votre *ménage mental.*

Une des meilleures façons de procéder consiste à vous autoriser à exprimer un peu de cette colère ; ainsi vous serez déjà moins déprimé. Des thérapeutes se spécialisent maintenant dans l'expression de la colère. Prendre un ou deux rendez-vous avec l'un d'eux vous serait peut-être profitable.

Personnellement, je pense que nous devrions tous prendre notre lit pour punching-ball une fois par semaine, que nous soyons ou non en colère. Certaines thérapies encouragent à faire sortir les colères ; cependant, elles maintiennent à mon avis trop longtemps les patients dans ce processus. Les bébés expriment leurs émotions et les oublient aussitôt. C'est notre réaction à l'émotion qui nous conduit à la réprimer.

Elisabeth Kübler-Ross a recours, pendant ses séminaires, à un excellent exercice qu'elle nomme *externa-*

lisation. Elle vous donne une matraque et quelques vieux annuaires, et vous les mettez en pièces en laissant émerger toutes sortes d'émotions.

Quand on libère la colère, il est normal de se sentir embarrassé, surtout si le règlement familial l'interdisait. Ce sera gênant la première fois, mais après, quand vous aurez pris l'habitude, vous vous rendrez compte que l'exercice peut se révéler drôle et extrêmement puissant. Dieu ne vous en voudra pas d'être furieux. Une fois que vous aurez déchargé un peu de cette vieille rancune, vous pourrez voir la situation d'un œil neuf et trouver de nouvelles solutions.

À une personne déprimée, je suggérerais aussi de travailler avec un bon nutritionniste afin de suivre un régime adapté. Il est surprenant de voir à quel point une bonne alimentation peut aider l'esprit. Les gens déprimés ont souvent une alimentation très pauvre, ce qui aggrave encore davantage leur problème. Nous devons tous faire les meilleurs choix et adopter une alimentation saine pour l'organisme. Très souvent, nous nous découvrons un déséquilibre chimique accentué par la prise de médicaments.

Le rebirthing est une autre méthode merveilleuse pour exprimer vos émotions, car il dépasse l'intellect. Si vous ne connaissez pas encore, je vous conseille d'essayer. Cette technique de respiration a aidé beaucoup de gens. Elle vous permet de prendre contact avec vos vieux problèmes afin de les éliminer d'une façon positive. Certains spécialistes vous font répéter des affirmations pendant le processus.

Il existe aussi des techniques corporelles, telles que le rolfing, un procédé de manipulation profonde du tissu conjonctif développé par Ida Rolf. Il y a également les méthodes Heller ou Trager. Toutes constituent d'excellentes façons de se libérer des schémas restrictifs du corps. Ces techniques sont plus ou moins appropriées selon le patient. Certaines seront efficaces sur une personne et inopérantes sur une autre. La seule solution, pour chacun, est de frapper à plusieurs portes avant de trouver la bonne.

Vous pouvez vous procurer des adresses, des annonces de réunions ou de cours dans les magasins diététiques ou les librairies spécialisées. Quand le disciple est prêt, le maître arrive.

La peur est un manque de confiance

La peur règne en maître incontesté sur la planète. On peut la voir et l'entendre chaque jour aux informations : guerres, meurtres, famines et autres. La peur est un manque de confiance en soi. À cause de cela, nous n'avons pas confiance en la Vie. Nous ne croyons pas qu'une puissance supérieure s'occupe de nous, aussi pensons-nous devoir tout contrôler depuis le plan physique. Et, inévitablement, nous allons éprouver la peur, car il nous est impossible de tout contrôler.

En nous efforçant de surmonter nos peurs, nous apprenons la confiance. Fions-nous à notre Pouvoir intérieur relié à l'Intelligence universelle. Fions-nous à l'invisible, au lieu de croire seulement au monde physique et matériel. Si nous avons confiance, nous pouvons progresser dans la vie bien plus aisément. Je l'ai dit plus haut : j'ai la conviction que tout ce que j'ai besoin de savoir m'est révélé. Je sais que l'on s'occupe de moi, bien que je ne sois pas physiquement maître de tout ce qui se passe autour de moi.

Toute pensée effrayante qui surgit dans votre esprit essaie en réalité de vous protéger. Je vous suggère de vous adresser directement à la peur : « Je sais que tu cherches à me protéger. J'apprécie le fait que tu veuilles m'aider. Et je te remercie. » Reconnaissez cette pensée de peur, elle est là pour prendre soin de vous. Confronté à une agression physique, vous recevez dans le corps une décharge d'adrénaline qui vous protège du danger. Le processus est le même pour la peur psychologique.

Observez vos peurs, mais ne vous identifiez pas à elles. Comparez la peur à des images qui défilent sur un écran. Ce que vous voyez sur cet écran n'est pas la réalité. Ces images qui bougent ne sont que des morceaux de celluloïd qui se succèdent et disparaissent très vite. Nos peurs viendront et repartiront aussi rapidement que ces images, à moins que nous n'insistions pour les retenir.

☆☆☆

La peur est une limitation de notre esprit. Les gens redoutent tellement de tomber malades ou de se retrouver à la rue, ou tant d'autres choses encore. La colère est une peur qui devient mécanisme de défense. Elle vous protège et pourtant, il vous serait bien plus profitable de formuler des affirmations afin de cesser de recréer mentalement ces situations angoissantes, et de vous aimer à travers cette peur. Mais encore une fois, rien de ce qui se passe n'est imputable à l'extérieur. Nous sommes au centre de tout ce qui nous arrive. Tout est à l'intérieur — toute expérience, toute relation est le miroir d'un schéma mental que nous portons en nous.

La peur est l'opposé de l'amour. Plus nous sommes disposés à nous aimer et à nous faire confiance, plus nous attirons ces qualités en nous. Avez-vous remarqué que lorsqu'on traverse une période où l'on a tendance à paniquer, maugréer, s'inquiéter ou se déprécier, tout se met à aller de travers ? On a l'impression que la malchance ne nous lâchera jamais.

Eh bien, il en va de même quand nous nous aimons. Tout commence à nous sourire ; on obtient les « feux verts » et les « places de parking ». Toutes ces choses qui rendent la vie si magnifique — les petites et les grandes. On se lève le matin et la journée s'écoule merveilleusement bien.

Aimez-vous afin de pouvoir prendre soin de vous. Ne ménagez pas vos efforts pour muscler votre cœur, votre corps et votre esprit. Tournez-vous vers le Pouvoir en vous. Trouvez un chemin spirituel et efforcez-vous de vous y maintenir.

Si vous vous sentez menacé, si vous avez peur, respirez consciemment. Bien souvent, quand nous sommes agressés, nous retenons notre souffle. Alors prenez quelques inspirations et expirations profondes. La respiration ouvre l'espace en vous qui est votre pouvoir. Elle redresse votre colonne vertébrale, ouvre votre poitrine et donne de la place à votre cœur pour s'élargir. En respirant, vous commencez à éliminer les barrières et à vous ouvrir. Vous opérez une expansion au lieu de vous contracter. Votre amour s'écoule librement. Affirmez : « Je suis un avec le Pouvoir qui m'a créé. Je suis en sécurité. Tout va bien dans mon monde. »

Éliminer nos dépendances

Une des solutions que nous choisissons en priorité pour fuir nos peurs est la dépendance. L'état de dépendance supprime les émotions, de sorte que nous n'éprouvons plus rien. Cependant, il existe de multiples façons de se créer une dépendance en dehors de celles qui sont spécifiques aux drogues. Il y a aussi ce que j'appelle des « schémas de dépendance » — schémas que nous adoptons pour nous éviter d'être présents. Si nous refusons d'affronter ce qui nous arrive, si nous ne voulons pas être là où nous sommes, nous avons un schéma qui nous empêche d'être de plain-pied avec la vie. Pour certains, il s'agira d'une dépendance alimentaire ou médicamenteuse. Il peut exister une prédisposition génétique à l'alcoolisme, toutefois le choix de rester malade est toujours individuel. Souvent, ce que l'on impute à 1'hérédité est en réalité, de la part de l'enfant, l'acceptation de l'attitude parentale devant la peur.

Pour d'autres, il s'agira de dépendances émotionnelles. Vous êtes peut-être de ceux qui trouvent toujours matière à critiquer les autres. Quoi qu'il se passe, vous aurez toujours un coupable à désigner. « C'est sa faute, c'est lui qui me l'a fait, qui me l'a dit... »

Peut-être aussi êtes-vous un drogué de la facture en retard. Beaucoup d'entre nous sont des habitués des dettes. Nous faisons tout ce qu'il faut pour rester enfouis sous une montagne de paiements non réglés. Et ceci indépendamment du montant de notre compte en banque.

Vous pouvez aussi être un intoxiqué de la rebuffade. Partout où vous allez, vous attirez ceux qui vont vous rejeter. Vous savez toujours les trouver. Toutefois, ce rejet venant de l'extérieur est un reflet de votre propre rejet. Si vous ne vous rejetez pas, personne ne le fera non plus, et si quelqu'un le faisait, vous n'y accorderiez pas d'importance. Demandez-vous : « Qu'est-ce que je n'accepte pas chez moi ? »

La dépendance par rapport à la maladie est monnaie courante. Il y a des gens qui attrapent toujours quelque chose ou bien passent leur temps à avoir peur de perdre la santé.

Si vous tenez à devenir dépendant de quelque chose, soyez-le plutôt de vous aimer vous-même. Vous pourriez devenir un drogué des affirmations positives ou des actions qui vous soutiennent !

La suralimentation obsessive

Je reçois beaucoup de lettres de personnes connaissant un problème de poids. Elles suivent un régime durant deux ou trois semaines, puis s'arrêtent. Elles se sentent coupables d'avoir interrompu ce régime, mais au lieu de reconnaître qu'elles ont agi selon leurs moyens sur le moment, elles s'en veulent et se culpabilisent. Alors, pour se punir, car la culpabilité appelle toujours la punition, elles sortent et consomment des aliments qui ne conviennent pas à leur organisme. Si elles pouvaient accepter que, pendant les deux semaines de leur régime, elles accomplissaient quelque chose de fantastique pour leur corps et cessaient de se condamner, elles pourraient commencer à éliminer le schéma. Elles pourraient aussi se dire : « J'avais un problème de poids, désormais je m'autorise à avoir le poids idéal pour moi », et le schéma commencerait à se modifier. Cependant, ne nous attardons pas trop sur cette question alimentaire, car ce n'est pas là que réside le vrai problème.

La suralimentation a toujours signifié un besoin de protection. Quand vous vous sentez angoissé ou menacé, vous vous protégez d'une bonne couche de sécurité. Le poids n'a rien à voir avec l'alimentation. Tant de gens passent leur vie à se reprocher leur poids. Quelle perte d'énergie ! Prenez plutôt conscience que quelque chose, dans votre existence, vous met mal à l'aise et en état d'insécurité. Il s'agit peut-être de votre travail, de votre conjoint, de votre sexualité, de votre vie en général. Si vous souffrez d'un excès de poids, écartez le problème alimentation/poids et travaillez sur le schéma qui dit : « J'ai besoin de protection, car je me sens en insécurité. »

La réponse de nos cellules à nos schémas mentaux est fascinante. Quand le besoin de protection a disparu, ou quand l'on commence à se sentir rassuré, la graisse se met à fondre. J'ai moi-même remarqué que, dans une situation où je me sens plus ou moins en insécurité, je prends du poids. Quand les choses vont trop vite, que je me dépense énormément et que je me « répands » un peu partout, j'ai besoin d'être protégée, rassurée. Aussi je me dis : « O.K., Louise, le moment est venu de travailler sur le sentiment de sécurité. Je veux que tu sois convaincue que tu es tout à fait en sécurité, que tout va bien, que tu peux te dépenser sans compter, te déplacer partout, assumer tout ce qui se passe pour toi, sans danger, et que je t'aime. »

Le poids n'est qu'une manifestation extérieure d'une peur en vous. Quand vous vous regardez dans la glace et voyez la personne trop enveloppée qui vous fait face, songez que vous contemplez le résultat de votre vieux mode de pensée. Quand vous commencez à modifier votre manière de penser, vous plantez la graine de ce qui deviendra votre réalité. Ce que vous choisissez de penser aujourd'hui créera votre nouvelle silhouette de demain. Un des meilleurs livres existant sur l'élimination de l'excès de poids est celui de Sondra Ray, *The Only Diet There Is* (Le seul régime qui soit). Il concerne les jeûnes de pensées négatives. L'auteur vous montre pas à pas la manière de procéder.

Les groupes de soutien

Les groupes de soutien sont devenus un phénomène social marquant aux États-Unis. Je trouve cela très encourageant. Ces programmes font énormément de bien. Les personnes en proie à des problèmes similaires se regroupent, non pour geindre et se plaindre, mais pour chercher ensemble des moyens de sortir de leur situation difficile et améliorer la qualité de leur existence. Il existe désormais des groupes pratiquement pour tout problème que vous puissiez envisager. Je sais que vous trouverez celui qui vous convient.

Les émotions sont notre indicateur interne

Quand on grandit dans une famille perturbée, on apprend, dans la mesure du possible, à éviter les conflits, ce qui aboutit à la négation de nos émotions. Souvent, nous ne nous fions pas aux autres et ne leur demandons même pas d'aide. Nous sommes convaincus d'être assez forts pour nous débrouiller seuls. Mais il y a un problème : nous ne sommes pas reliés à nos propres émotions. Les émotions constituent le lien le plus utile dans notre relation avec nous-mêmes, les autres et le monde qui nous entoure ; elles nous indiquent ce qui va et ce qui ne va pas dans notre existence. Demeurer sourd à leurs messages conduit à des problèmes plus complexes et à des troubles pathologiques. Ce que vous pouvez *sentir*, vous pouvez le guérir. Si vous vous fermez à vos sensations, vous ne saurez pas par où entamer le processus de guérison.

D'un autre côté, nous sommes nombreux à traverser la vie avec un sentiment permanent de culpabilité, de jalousie, de peur ou de tristesse. Nous développons des schémas qui nous jettent systématiquement dans des expériences que nous clamons ne pas vouloir. Si vous êtes toujours maussade, en colère, sur la défensive ou jaloux, et que vous ne parvenez pas à être en contact avec la cause sous-jacente, vous continuerez à créer encore plus de jalousie, de colère, de tristesse, etc. Quand nous cessons de nous considérer comme des victimes, nous pouvons reprendre notre pouvoir. Nous devons être disposés à apprendre la leçon afin que le problème puisse disparaître.

En faisant confiance à la vie et à notre lien spirituel avec l'Univers, nous pouvons dissoudre nos colères et nos peurs dès qu'elles surgissent. Nous *pouvons* croire à la vie et savoir que tout se passe selon l'ordre divin parfait et dans l'espace-temps idéal.

Chapitre 7

Dépasser la douleur

Nous sommes bien plus que notre corps et notre personnalité. L'esprit est toujours beau et digne d'amour, quelles que soient les apparences.

La douleur de la mort

Il est merveilleux d'être positif. Il est aussi merveilleux de reconnaître ce que l'on éprouve. La nature vous a donné des émotions pour vous permettre de vivre certaines expériences ; les nier cause davantage de souffrance. La mort n'est pas un échec. Tout le monde meurt, cela fait partie du processus de vie.

Quand l'un de vos proches meurt, le processus de deuil dure au moins un an. Donnez-vous cet espace. Il est difficile de traverser les fêtes et saisons — la Saint-Valentin, votre anniversaire, Noël, etc. — aussi soyez très indulgent et tendre avec vous-même et exprimez votre peine. Il n'existe pas de règles, alors n'en créez pas pour vous.

Il est également normal de passer par la colère et les crises de nerfs quand quelqu'un meurt. Vous ne pouvez jouer l'indifférence. Vous devez exprimer vos émotions. Ne retenez pas les larmes. Regardez-vous dans le miroir et hurlez : « Ce n'est pas juste ! » ou toute autre émotion que vous ressentez. Encore une fois, exprimez-vous, sinon vous vous créerez des problèmes physiques. Vous devez prendre soin de vous-même, le mieux possible, et je sais que ce n'est pas facile.

Ceux d'entre nous qui ont travaillé avec des personnes atteintes du sida se sont aperçus que le processus de deuil devient permanent, comme en temps de guerre. Le système nerveux/émotionnel est trop agressé. Souvent je me tourne vers des amis très chers et exprime ma violence et ma douleur quand elles deviennent trop lourdes à porter. Le décès de ma mère m'a été beaucoup moins pénible. C'était l'aboutissement naturel d'un cycle de quatre-vingt-dix ans. Bien que ma peine fût bien réelle, je n'éprouvais ni colère ni sentiment d'injustice. L'apparent sentiment d'injustice des guerres et des épidémies génère un énorme sentiment de frustration.

✩✩✩

La souffrance due à la séparation dure longtemps et vous avez parfois l'impression de tomber dans un trou sans fond. Si vous éprouvez toujours la même affliction après quelques années, vous basculez sans doute dans une certaine complaisance. Vous devez pardonner et libérer la personne que vous pleurez, ainsi que vous-même. Pensez que l'on ne perd pas une personne quand elle meurt, car elle ne nous a de toute façon jamais appartenu.

Si vous avez du mal à lâcher prise, il existe plusieurs méthodes pour vous aider. D'abord, je vous suggère de faire quelques méditations avec la personne décédée. Peu importe ce qu'elle croyait de son vivant, quand on quitte la terre, un voile se lève et on peut voir la vie très clairement. Aussi les peurs et les croyances de l'existence terrestre n'ont-elles plus cours dans l'autre monde. Si vous avez beaucoup de peine, cette personne vous dira probablement de ne pas vous inquiéter, car tout va bien. Pendant vos méditations, demandez à cette personne de vous aider à franchir cette période et dites-lui que vous l'aimez.

Ne vous reprochez pas de ne pas avoir fait assez pour cette personne ou ne pas avoir passé suffisamment de temps avec elle de son vivant. Inutile de rajouter la culpabilité à la peine. Certains saisissent le prétexte de cette période pour ne plus s'occuper de leur propre existence. D'autres souhaiteraient quitter eux aussi ce monde. Ou, pour d'autres encore, le décès d'un proche met en lumière leur propre peur de la mort.

Mettez cette période à profit pour travailler sur vous-même afin de vous dégager de vieux problèmes. Beaucoup de tristesse monte à la surface à l'occasion de la mort d'un proche. Autorisez-vous à éprouver cette peine. Vous devez atteindre l'endroit où vous vous sentirez suffisamment en sécurité pour laisser les vieilles souffrances émerger. Si vous vous permettiez de pleurer pendant deux ou trois jours, vous vous affranchiriez d'une bonne partie de la peine et de la culpabilité. Si vous en éprouvez le besoin, trouvez un thérapeute ou un groupe qui vous aide à surmonter votre peur et à exprimer vos émotions. Je vous suggère également de formuler des affirmations telles que : « *Je t'aime et je te libère. Tu es libre et je suis libre.* »

☆☆☆

À l'un de mes séminaires, une femme avait énormément de mal à décharger sa colère envers une tante très malade. Elle redoutait affreusement que celle-ci ne parte avant qu'elle ne réussisse à lui exprimer ses sentiments quant au passé. lis restaient bloqués en elle. Je lui ai suggéré de travailler avec un thérapeute, car les séances individuelles peuvent se révéler très efficaces. Quand nous sommes bloqués, dans quelque domaine que ce soit, tendre la main pour chercher de l'aide est un acte d'amour envers nous-mêmes.

De nombreux thérapeutes sont spécialisés dans ce genre de situation. Vous n'avez pas besoin d'un long travail, quelques séances suffisent, le temps de surmonter la phase difficile. Il existe aussi de nombreux groupes de soutien. Vous aurez peut-être avantage à rejoindre l'un de ces groupes, car il vous aiderait à franchir cette étape.

Comprendre notre douleur

Nombreux sont ceux qui vivent jour après jour avec une douleur que rien ne vient soulager. Cette douleur peut n'occuper qu'une petite partie de notre existence, mais elle peut aussi y régner en tyran. Mais qu'est-ce que la douleur ? De l'avis général, nous nous en passerions volontiers. Voyons ce qu'elle peut nous apprendre. D'où vient-elle ? Qu'essaie-t-elle de nous dire ?

Le dictionnaire définit la douleur comme « sensation pénible due à une blessure ou un trouble pathologique », aussi bien que « souffrance ou tourment mental ou émotionnel ». Étant donné que la douleur est la conséquence de mal-être tant psychique que physique, il est clair que le corps et l'esprit y sont exposés.

J'ai récemment été le témoin d'un exemple fantastique pour illustrer ce point. J'observais alors deux fillettes qui s'amusaient dans un jardin public. L'une leva la main pour, en jouant, taper son amie sur le bras. Avant que la main n'ait touché le bras, l'autre s'est écriée : « Aïe ! » La première petite fille l'a regardée avec étonnement : « Pourquoi dis-tu aïe ? Je ne t'ai même pas encore touchée. » À quoi son amie a répondu : « Peut-être, mais je savais que tu allais me faire mal. » Dans cet exemple, la douleur mentale a présumé de la douleur physique.

La douleur se manifeste sous de multiples formes. Une égratignure. Une bosse. Une ecchymose. Le mal-être. L'insomnie. Une menace. Un nœud à l'estomac. Des fourmis dans le bras ou la jambe. Parfois la douleur est bénigne, parfois insoutenable, mais elle est là. Généralement, elle essaie de nous dire quelque chose. Quelquefois, le message est évident. Des aigreurs d'estomac qui se manifestent la semaine mais non le week-end peuvent indiquer un besoin de changement dans le domaine professionnel. Et qui ne connaît pas la signification de la douleur ressentie après une nuit de libations ?

Quel que soit le message, nous devons garder à l'esprit que le corps humain est une machine magnifiquement conçue. Il nous avertit des problèmes, mais seulement si nous sommes disposés à écouter. Malheureusement, la plupart d'entre nous ne prennent pas le temps d'écouter.

La douleur est en fait une des ultimes sonnettes d'alarme du corps pour nous avertir que quelque chose ne va pas dans notre existence. Nous nous sommes trompés de route quelque part. Le corps, quoi qu'il arrive, n'aspire qu'à une chose : la santé. Si nous abusons de lui de manière excessive, nous contribuons à créer les conditions favorables au mal-être.

Comment réagissons-nous à la première manifestation de la douleur ? En général, nous nous précipitons dans notre pharmacie pour prendre un cachet. En d'autres termes, nous disons à notre corps : « Tais-toi, je ne veux pas t'entendre. » Le corps restera silencieux quelque temps, puis les murmures reprendront, cette fois un peu plus fort. Nous irons peut-être alors chez le médecin pour une piqûre ou une ordonnance, ou nous trouverons une autre solution. À un moment, toutefois, nous devrons nous montrer très vigilants, car il est possible qu'un vrai mal-être soit en train de se déclarer. Même à ce point-là, cependant, certains continuent à jouer leur rôle de victimes et refusent toujours d'entendre. D'autres prennent conscience de ce qui se passe et sont prêts à apporter les changements nécessaires. Très bien. Nous apprenons chacun à notre manière.

Les réponses sont parfois aussi simples que de s'offrir une bonne nuit de sommeil, ou de ne pas sortir de la semaine, ou encore de ne pas se surmener au travail. Permettez-vous d'écouter votre corps, car il souhaite vraiment que vous vous rétablissiez. Votre corps veut que vous soyez en bonne santé et vous pouvez lui offrir votre coopération.

☆☆☆

Lorsqu'une douleur se manifeste en moi, je m'impose le calme. Je fais confiance à mon Pouvoir intérieur qui m'informera de ce que je dois changer dans ma vie afin d'éviter le mal-être. Dans ces moments de paix, je visualise un paysage idéal avec mes fleurs préférées qui poussent en abondance autour de moi. Je peux respirer les senteurs de la brise tiède tandis qu'elle caresse mon visage. Je m'applique à détendre chaque muscle de mon corps.

Quand j'ai la sensation d'avoir atteint un état de relaxation totale, je demande simplement à ma Sagesse intérieure : « De quelle manière est-ce que je contribue à ce problème ? Qu'ai-je besoin de savoir ? Quels domaines de mon existence nécessitent un changement ? » Je laisse ensuite les réponses venir à moi. Elles ne se révèlent peut-être pas tout de suite, mais je sais qu'elles ne tarderont pas à le faire. Et quels que soient les changements à apporter, je sais qu'ils me seront salutaires et que je ne risquerai absolument rien, quoi qu'il arrive.

Parfois, vous vous demandez comment vous pourrez accomplir ces changements. « De quoi vivrai-je ? Et les enfants ? Comment pourrai-je payer mes factures ? » Encore une fois, faites confiance à votre Pouvoir supérieur qui vous indiquera les moyens de vivre une existence bien remplie et sans souffrance.

Je vous suggère également d'accomplir ces changements pas à pas. « Tout voyage, si long soit-il, commence par un premier pas », disait Lao Tseu. Un petit pas ajouté à un autre peut engendrer des progrès significatifs et importants. Une fois que vous êtes engagé sur la voie du changement, pensez tout de même que la douleur ne disparaît pas forcément d'une minute à l'autre, encore qu'il n'y ait là rien d'impossible. Mais il lui a fallu du temps pour apparaître ; en conséquence, il lui faudra peut-être quelque temps pour s'apercevoir qu'elle n'est plus nécessaire. Soyez indulgent avec vous-même. Ne jugez pas votre progrès en vous comparant aux autres. Vous êtes unique et possédez votre propre façon d'appréhender la vie. Remettez-vous en à votre Conscience supérieure afin de vous affranchir de toute douleur physique ou émotionnelle.

Le pardon est la clé de la liberté

Je demande souvent à mes patients : « Que préférez-vous, avoir raison ou être heureux ? » En fonction de nos propres perceptions, nous avons tous des opinions sur qui a raison et qui a tort, et pouvons tous aisément justifier nos sentiments. Nous voulons châtier les autres pour ce qu'ils nous ont fait ; cependant, c'est nous qui ressassons interminablement le film dans notre esprit. Il est stupide de nous punir dans le présent parce que quelqu'un nous a blessés dans le passé.

Pour nous libérer du passé, nous devons être disposés à pardonner, même si nous ne savons pas comment. Le pardon signifie renoncer aux pensées rancunières et lâcher prise. Un état de rancune est destructeur d'une partie de nous-même.

☆☆☆

Quelle que soit votre voie spirituelle, vous vous rendrez compte que le pardon est essentiel à tout moment, mais plus particulièrement quand il y a mal-être. Quand nous sommes malades, nous devons vraiment regarder autour de nous et voir à qui il est nécessaire de pardonner. Et généralement, la personne à qui nous vouons une rancune tenace et éternelle est celle-

117

là même à qui nous devons pardonner en priorité. Notre rancune ne gêne pas le moins du monde celui qui en est la cible, mais elle est en revanche désastreuse pour nous. Ce problème est le nôtre, pas le sien.

Vos rancunes sont aussi liées au pardon que vous êtes prêt à vous accorder à vous-même. Formulez l'affirmation que vous souhaitez réellement pardonner à tout le monde. « Je souhaite m'affranchir du passé. Je souhaite pardonner à tous ceux qui ont pu me blesser et je me pardonne d'avoir blessé les autres. » Si vous songez à quelqu'un qui a pu vous faire du mal à un moment particulier, bénissez cette personne avec amour et libérez-la, puis n'y pensez plus.

Je n'en serais pas là où j'en suis actuellement si je n'avais pas pardonné à ceux qui m'ont fait du mal. Je ne voudrais pas me punir aujourd'hui de ce qu'ils m'ont fait dans le passé. Je ne prétends pas que cela a été facile. Mais je peux désormais considérer ce passé et constater : « Oui, c'est arrivé. » Cependant, je ne vis plus là-bas. Ce n'est pas la même chose que pardonner leur attitude.

S'il vous semble avoir été dupe de quelqu'un, sachez que personne ne peut vous prendre quoi que ce soit qui vous appartienne réellement. Ce qui est à vous reviendra en temps voulu. Ce qui ne vous revient pas ne vous était pas destiné. Vous devez accepter et poursuivre votre chemin.

Pour vous libérer, vous devez abandonner vos rancunes soi-disant justifiées et cesser de vous apitoyer sur vous-même. En vous prenant en pitié, vous devenez cette pauvre femme, ce pauvre homme qui n'a aucun pouvoir. Pour tenir ce pouvoir bien en main, vous devez redresser la tête et prendre vos responsabilités.

☆☆☆

Accordez-vous un instant. Fermez les yeux et imaginez un beau ruisseau devant vous. Prenez la vieille expérience douloureuse, la souffrance, la rancune, et jetez toute l'histoire dans le ruisseau. Voyez-la qui commence à se dissoudre et à dériver avec le courant avant de disparaître totalement. Faites cet exercice aussi souvent que possible.

Les temps sont à la compassion et à la guérison. Rentrez en vous et reliez-vous à cette partie de vous-même qui connaît le secret de la guérison. Vous avez d'incroyables possibilités. Soyez désireux d'atteindre d'autres niveaux pour trouver les capacités dont vous n'aviez pas même conscience, pas seulement pour guérir le mal-être, mais pour vous guérir réellement à tous les niveaux possibles. Pour retrouver votre être global au sens le plus profond du mot. Pour accepter chaque partie de vous-même et chaque expérience que vous ayez jamais vécue, et pour savoir que tout concourt à créer la trame de votre existence.

J'aime *Le Livre d'Emmanuel*. Il comporte un excellent message.

La question à Emmanuel est :

« *Comment pouvons-nous vivre de douloureuses expériences sans devenir amers ?* »

Et Emmanuel répond :

« *En les considérant comme des leçons et non comme des châtiments. Faites confiance à la vie, mes amis. Quelque lointaine que soit la destination où semble vous mener la vie, ce voyage est nécessaire. Vous êtes venus pour traverser un large espace d'expérience afin de vérifier où réside la vérité et où se situe votre distorsion dans cet espace. VOUS pourrez alors retourner dans votre vrai foyer, votre âme, rafraîchis et plus sages.* »

Si seulement nous pouvions comprendre que tous nos prétendus problèmes ne sont que des occasions pour nous de grandir et de changer, et que la plupart d'entre eux proviennent des vibrations que nous avons émises ! Il nous suffit simplement de changer notre façon de penser, d'être prêts à éliminer la rancœur et désireux de pardonner.

Troisième partie

S'AIMER SOI-MÊME

Vous souvenez-vous de la dernière fois où vous étiez amoureux ? Votre cœur soupirait d'aise, non ? C'était une sensation merveilleuse. C'est la même chose quand vous vous aimez, sauf que vous ne partirez jamais. Une fois que vous éprouvez cet amour pour vous-même, il est installé pour la vie, aussi faut-il particulièrement soigner cette relation.

Chapitre 8

Comment vous aimer

Quand vous pardonnez et lâchez prise, non seulement vous vous sentez soulagé d'un poids énorme, mais la porte de l'amour pour vous-même s'ouvre.

Que vous travailliez déjà à vous aimer, ou que vous vous prépariez tout juste à commencer, je vais présenter certaines méthodes qui vous aideront dans cette voie. C'est ce que je nomme mes *Dix Étapes*, liste que j'ai envoyée à des milliers de personnes au fil des années.

S'aimer soi-même est une aventure magnifique ; c'est comme apprendre à voler. Imaginez que vous ayez la possibilité de voler. Ce serait fantastique, non ? Commençons à nous aimer dès maintenant.

Beaucoup d'entre nous, d'une manière ou d'une autre, semblent souffrir d'un manque d'estime de soi. Il est très difficile de s'aimer, car chacun porte en soi ces soi-disant défauts qui l'empêchent de s'aimer tel qu'il est. Nous rendons généralement cet amour conditionnel et, par suite, dans une relation, nous rendons aussi l'amour partagé conditionnel. Nous avons tous entendu dire qu'on ne peut réellement aimer autrui tant que l'on ne s'aime pas soi-même. Alors, après avoir vu les barrières que nous avons érigées pour nous-mêmes, voyons comment nous propulser à l'étape suivante.

10 façons de s'aimer soi-même

1.   L'essentiel est sans doute de **cesser toute critique envers soi**. Je parle de la critique dans le chapitre 5. Si nous nous acceptons tels que nous sommes, dans quelque situation que ce soit, nous pouvons rapidement modifier notre existence. Quand nous nous croyons dans un rôle de « mauvais », bien sûr, c'est déjà moins facile. Tout le monde change — tout le monde. Chaque jour est un jour nouveau, et nous nous comportons un peu différemment de la veille. Notre capacité à nous adapter et à suivre le courant de la vie est notre pouvoir.

Ceux qui ont grandi dans des foyers perturbés sont souvent devenus des gens très responsables qui ont l'habitude de se juger sans merci. Ils ont connu très jeunes la tension et l'anxiété. Le message qu'ils reçoivent durant cette enfance difficile est : « Il y a quelque chose qui ne va pas en moi. » Pensez un instant aux mots que vous employez quand vous vous faites des reproches. Les expressions que j'entends le plus souvent sont : idiot, bon à rien, inutile, affreux, brouillon, minable, etc. Employez-vous ces mêmes mots à votre égard ?

Il est vraiment très important d'établir un sentiment de mérite et d'estime de soi, car en ne nous sentant pas suffisamment *bien*, nous entretenons la sensation d'être malheureux. Nous nous créons mal-être ou douleur, nous remettons sans cesse à plus tard ce qui pourrait nous être profitable ; nous maltraitons notre corps par la nourriture, l'alcool ou les drogues.

Nous nous sentons tous d'une manière ou d'une autre en insécurité tout simplement parce que nous sommes humains. Arrêtons de prétendre que nous sommes parfaits. Aspirer à la perfection ne contribue qu'à nous créer un énorme stress et nous empêche de nous occuper des secteurs de notre existence qui réclament nos soins. Découvrons plutôt notre créativité, notre individualité, et apprécions-nous pour les qualités qui nous distinguent des autres. Chacun de nous a un rôle unique à tenir sur cette terre et, en nous critiquant nous-mêmes, nous l'occultons.

2. Nous devons **arrêter de nous faire peur.** Nombreux sont ceux qui se terrorisent avec des pensées effrayantes et rendent toute situation bien pire qu'elle ne l'est déjà. On fait une montagne d'une taupinière. C'est une façon de vivre épouvantable, où l'on s'attend toujours à une catastrophe.

Combien d'entre vous se couchent le soir en créant le pire scénario qui soit à partir d'un problème ? Vous êtes comme l'enfant qui s'endort terrorisé à l'idée qu'un monstre soit caché sous le lit. Et ensuite, vous vous étonnez de mal dormir. Enfant, vous aviez besoin de votre mère ou de votre père pour vous rassurer. À présent, vous êtes adulte, et vous savez que vous avez la capacité de vous rassurer vous-même.

Les malades adoptent souvent cette attitude. Ils vont visualiser le pire, quand ils n'organisent pas déjà leur enterrement. Ils remettent leur pouvoir aux médias et se considèrent comme des statistiques.

Vous pouvez aussi avoir ce type de comportement dans le cadre de vos relations. Telle personne ne vous téléphone pas et, aussitôt, vous vous jugez indigne d'amour et décidez que plus jamais vous ne tomberez amoureux. Vous vous sentez abandonné, rejeté.

Il en va de même pour votre travail. Une remarque désobligeante et vous vous voyez déjà au chômage. Ces pensées paralysantes s'accumulent dans votre esprit. Rappelez-vous que ces réflexions nées de la peur sont des affirmations négatives.

Si vous avez tendance à ressasser une pensée ou une situation négative, cherchez une image par laquelle vous aimeriez vraiment la remplacer. Il peut s'agir d'un beau paysage, d'un coucher de soleil, de fleurs, d'un sport ou de toute autre chose que vous aimez. *Zappez* sur cette image chaque fois que vous vous surprenez à vous faire peur. Dites-vous : « Non, je ne veux plus penser à cela. Je vais penser à un coucher de soleil, à des roses, à une chute d'eau... », à ce que vous avez choisi. En persistant dans cette démarche, vous finirez par rompre l'habitude. Comme pour tout, il faut s'entraîner.

3. Une autre méthode consiste à **être indulgent et gentil avec soi-même**. Oren Arnold a eu ce trait d'humour : « Cher Dieu, je prie pour être patient. Et je veux l'être tout de suite ! » La patience est un instrument

très puissant. Nous sommes trop nombreux à espérer la récompense immédiate. Nous voulons tout, tout de suite. Nous n'avons pas la patience d'attendre quoi que ce soit. Nous nous énervons quand nous devons faire la queue ou que nous sommes bloqués dans un embouteillage. Nous voulons toutes les réponses et les bonnes choses maintenant. Trop souvent, notre impatience rend la vie impossible aux autres. L'impatience est un obstacle à l'apprentissage. On veut les réponses sans apprendre la leçon ni fournir les efforts nécessaires.

Représentez-vous votre esprit comme un jardin. Au début, un jardin n'est qu'une parcelle de terre en friche. Vous trouverez peut-être beaucoup de ronces de haine et de cailloux de détresse, de colère et de soucis. Un vieil arbre, appelé peur, a besoin d'être taillé. Une fois que vous avez nettoyé tout cela, et que le sol est bien enrichi, vous y semez des graines et plantez des fleurs de joie et d'abondance. Le soleil les réchauffe et vous les arrosez, les nourrissez d'engrais et leur prodiguez soin et amour.

Au départ, il ne semble pas se passer grand-chose. Mais vous persistez à prendre soin de votre jardin. Si vous êtes patient, il sera bientôt en fleurs. Il en va de même pour votre esprit — vous sélectionnez les pensées qu'il faudra entourer de soins et, avec la patience, elles grandiront et contribueront à créer le jardin d'expériences que vous souhaitez.

Nous commettons tous des erreurs

Il est normal de commettre des erreurs quand on apprend. Ainsi que je l'ai déjà dit, nombre d'entre nous sont frappés de la malédiction du perfectionnisme. Nous nous refusons une occasion d'apprendre réellement quelque chose de nouveau parce que, si nous ne le faisons pas à la perfection dans les trois minutes qui suivent, nous nous jugeons incapables.

Toute leçon exige du temps. Quand vous faites une chose pour la première fois, vous ne vous sentez pas dans votre élément. Afin de vous montrer ce que je veux dire, j'aimerais que vous preniez un instant, maintenant, pour croiser les doigts. Il n'y a pas de bonne ou de mauvaise façon de le faire. Croisez les doigts et remarquez quel pouce est dessus. À présent, ouvrez les mains et recroisez-les, avec l'autre pouce sur le dessus. Cela vous paraît sans doute bizarre, peut-être même inadéquat. Croisez-les de nouveau comme la première fois, puis la seconde, puis la première, puis la seconde encore et restez ainsi. Qu'éprouvez-vous, à présent ? Ce n'est plus aussi bizarre, n'est-ce pas ? Plus aussi inadéquat. Vous vous y habituez. Peut-être même apprendrez-vous à le faire des deux manières.

La même chose se produit quand on aborde une chose d'une façon nouvelle. Cela nous semble différent et, aussitôt, nous jugeons. Pourtant, avec un peu d'entraînement, cela peut devenir normal et naturel. Nous ne nous aimerons pas inconditionnellement en un jour, mais nous pouvons nous aimer un petit peu plus chaque jour.

Tous les jours, nous nous offrons un peu plus d'amour et, en deux ou trois mois, nous aurons accompli un grand pas sur le chemin qui mène à l'amour de soi. Aussi les erreurs sont-elles des tremplins. Elles sont précieuses car elles vous enseignent. Ne vous punissez pas quand vous commettez une erreur. Si vous êtes prêt à apprendre et à grandir grâce à elle, elle représentera une étape vers votre épanouissement.

Certains travaillent sur eux-mêmes depuis très longtemps et se demandent pourquoi ils continuent à se heurter à des problèmes. Nous devons constamment consolider ce que nous savons, et non nous rebeller et baisser les bras en disant : « À quoi bon ? » Soyons tolérants et gentils envers nous-mêmes pendant notre apprentissage, quel qu'il soit. Rappelez-vous le jardin. Quand les mauvaises herbes poussent, arrachez-les aussi vite que possible.

4. Nous devons apprendre à **traiter notre esprit avec douceur.** Ne nous haïssons pas à cause de nos pensées négatives. Considérons que nos pensées nous *façonnent* et non qu'elles nous *détruisent.* Nous n'avons pas à nous fustiger à cause de nos expériences négatives. Elles sont des leçons. Être doux avec soi-même signifie renoncer aux reproches, à la culpabilité, au châtiment, à la douleur.

La relaxation peut aussi s'avérer très utile. C'est un moyen essentiel pour que notre Pouvoir s'écoule en nous, car si nous sommes tendus et inquiets, nous coupons notre flux d'énergie. Quelques minutes par jour suffisent pour permettre au corps et à l'esprit de se détendre. À tout moment, vous pouvez prendre quelques profondes inspirations, fermer les yeux et libérer la tension qui vous étreint, quelle qu'elle soit. En expirant, centrez-vous et répétez-vous silencieusement : « Je t'aime. Tout va bien. » Vous remarquerez le calme qui s'installe en vous. Vous créez des messages qui vous disent que vous n'avez pas besoin de vivre dans un état de tension et de peur permanent.

Méditez quotidiennement

Je vous conseille également d'apaiser votre mental et d'écouter votre sagesse intérieure. Notre société a fait de la méditation une chose mystérieuse et difficile à atteindre, or ce procédé est l'un des plus anciens et des plus simples qui soient. Il nous suffit de nous placer en état de relaxation et de nous répéter silencieusement des mots comme *amour* ou *paix* ou toute chose qui ait une signification pour nous. *OM* est un son ancien que j'utilise dans mes ateliers et qui semble très puissant. Nous pouvons aussi répéter : *je m'aime,* ou *je me pardonne,* ou *je suis pardonné.* Ensuite, nous restons un moment silencieux.

Certains pensent que, pour méditer, il faut empêcher le mental de penser. Il n'est pas vraiment possible de faire taire le mental, mais on peut le ralentir et laisser dériver les pensées. D'aucuns s'asseyent avec bloc et stylo et notent leurs pensées négatives, car elles semblent se dissoudre ainsi plus aisément. Si nous pouvons

accéder à un état où nous regardons dériver nos pensées
— « Tiens, voilà une pensée de peur, de colère,
maintenant c'est une pensée d'amour, puis un désastre,
une idée d'abandon, de joie... » — sans leur accorder la
moindre importance, cela montre que nous commençons
à utiliser avec sagesse notre étonnant pouvoir.

On peut commencer la méditation quand on le
souhaite et la laisser devenir une habitude. Pensez-y en
terme de concentration sur votre Pouvoir supérieur.
Vous vous reliez ainsi à vous-même et à votre sagesse
intérieure. Vous pouvez choisir la forme qui vous plaît.
Certains se livrent à une sorte de méditation pendant leur
jogging ou une promenade. Une fois de plus, ne vous
croyez pas en tort parce que vous le faites différemment.
J'adore quant à moi m'agenouiller dans le jardin et
creuser la terre. C'est une excellente forme de méditation
pour moi.

Visualisez des résultats optimistes

La visualisation est également très importante et les
techniques abondent. Le docteur Carl Sirnonton conseille
aux cancéreux de nombreuses méthodes qui donnent
d'excellents résultats.

Avec la visualisation, vous créez une image claire et
positive qui renforce votre affirmation. Beaucoup d'entre
vous m'ont écrit à propos du genre de visualisation qu'ils
pratiquent avec leurs affirmations. Il est important de se
rappeler que la visualisation doit être compatible avec ce
que vous êtes, sinon elle échouera.

Par exemple, une femme atteinte de cancer visualisait les *cellules saines tueuses* de son corps en train d'attaquer le cancer et de le tuer. Quand elle avait fini, elle doutait de sa visualisation et avait l'impression qu'elle ne lui convenait pas, aussi lui demandai-je : « Êtes-vous une tueuse ? » Personnellement, je n'ai aucune envie de créer une guerre dans mon corps. Je lui ai suggéré de changer sa visualisation et d'en trouver une moins violente. Je pense qu'il est préférable d'avoir recours à des images plus douces, comme les cellules malades fondant au soleil, ou transformées par la baguette magique d'une fée. À l'époque de mon cancer, j'utilisais l'image d'une eau fraîche et pure emportant les cellules malades hors de mon organisme. Nos visualisations ne doivent pas être agressives au niveau subconscient.

Si un membre de votre famille ou un ami est malade, ne le voyez pas toujours malade ; vous lui feriez du tort. Visualisez-le en bonne santé. Envoyez-lui de bonnes vibrations. Cependant, rappelez-vous que sa guérison lui appartient. Il existe beaucoup de bonnes cassettes de visualisations et de méditations guidées que vous pouvez lui donner pour l'aider dans cette démarche s'il y est ouvert. Sinon, contentez-vous de lui envoyer votre amour.

Tout le monde peut visualiser. Décrire votre maison, un fantasme sexuel, imaginer ce que vous feriez en présence d'un blessé sont des visualisations. Les possibilités de l'esprit sont inépuisables.

5. Étape suivante : **félicitez-vous.** Les critiques sapent le moral et les louanges le remontent. Reconnaissez votre Pouvoir, votre Soi divin. Nous sommes tous des expressions de l'Intelligence infinie. En vous critiquant, vous dénigrez le Pouvoir qui vous a créé. Commencez petit. Dites-vous que vous êtes fantastique. Si vous le faites une fois et que vous arrêtez, cela ne marchera pas. Continuez, même pendant une minute d'affilée. Croyez-moi, cela devient de plus en plus facile. La prochaine fois que vous ferez quelque chose de nouveau, ou de différent, ou que vous vous lancerez dans un apprentissage quelconque pour lequel vous n'êtes pas encore bien sûr de vous, soyez là pour vous-même.

Pour moi, parler pour la première fois à la Church of Religious Science de New York fut un événement considérable. Je m'en souviens parfaitement. C'était un vendredi à midi. Les gens écrivaient leurs questions et les mettaient dans un panier à mon attention. J'ai emporté le panier sur l'estrade, ai répondu aux questions et ai ajouté quelques conseils après chacune. Quand j'eus terminé, je suis descendue de l'estrade en songeant : « Louise, tu as été fantastique étant donné que c'était la première fois pour toi. Quand tu auras fait cela cinq ou six fois, tu seras une vraie professionnelle. » Je ne me suis pas critiquée, du style : « Oh, tu as oublié de dire ceci ou cela... » Sinon, je pouvais être certaine de perdre mes moyens lors de ma prochaine apparition en public.

Si je m'étais dépréciée la première fois, j'aurais fait de même la seconde, et j'aurais fini par ne plus oser du tout prendre la parole devant une assemblée. Deux heures plus tard, je commençai à penser à ce que je pourrais modifier pour m'améliorer. À aucun moment je n'ai critiqué ce que j'avais fait. J'étais au contraire attentive à me féliciter de ma superbe prestation. Après ma sixième conférence, j'étais devenue une professionnelle. Nous pouvons appliquer cette méthode à tous les domaines de notre existence. J'ai continué à parler dans ces réunions pendant quelque temps encore. Elles m'ont offert un merveilleux terrain d'apprentissage.

☆☆☆

Autorisez-vous à accepter ce qui est bon pour vous, que vous pensiez le mériter ou non. J'ai déjà parlé de cette résistance à reconnaître notre propre mérite, qui est en fait un refus d'accepter le bien dans notre vie. C'est ce qui nous empêche d'obtenir ce que nous souhaitons. Comment pourrions-nous nous adresser le moindre éloge quand nous pensons être indignes de ce qui est bon pour nous ?

Pensez aux « lois du mérite » que vous subissiez dans votre famille. Vous sentiez-vous assez intelligent, assez grand, assez beau, que sais-je encore ? Et quel est le but de votre existence ? Vous savez bien que vous êtes ici pour une raison précise, et ce n'est sûrement pas pour acheter une voiture neuve tous les quatre ou cinq ans. Qu'êtes-vous prêt à faire pour vous réaliser ? Êtes-vous disposé à formuler des affirmations, à faire des visualisations, à suivre un régime ? Êtes-vous prêt à pardonner ? À méditer ? Quel effort êtes-vous prêt à fournir pour changer votre existence et la refaçonner telle que vous la souhaitez ?

6. **S'aimer soi-même signifie être un soutien pour soi-même**. Faites appel à vos amis et laissez-les vous aider. C'est faire preuve de force que de demander de l'aide quand on en a besoin. Tant de gens n'ont appris à ne compter que sur eux-mêmes. Vous ne pouvez pas demander de l'aide parce que votre ego vous l'interdit. Au lieu de vous acharner à vous débrouiller seul et de vous mettre en colère quand vous n'y parvenez pas, la prochaine fois, essayez de demander de l'aide.

On trouve des groupes de soutien partout. Si aucun ne vous convient, vous pouvez parfaitement organiser le vôtre. Ce n'est pas la montagne que vous pensez. Rassemblez deux ou trois amis qui ont des problèmes similaires aux vôtres et établissez quelques lignes directrices. Si vous le faites avec amour, votre petit groupe grandira. Les gens viendront à vous, comme attirés par un aimant. Ne vous souciez pas de le voir devenir trop important pour votre petit salon ou votre sous-sol. L'Univers veille toujours à vous procurer ce dont vous avez besoin. Si vous ne savez pas comment vous y prendre, adressez-vous à mon bureau et nous vous enverrons des conseils pour diriger votre groupe. Chacun peut être là pour l'autre.

J'ai commencé les réunions baptisées *Hayride* à Los Angeles en 1985 dans mon salon avec six hommes atteints du sida. Nous ignorions comment nous allions aborder cette situation difficile. Je leur ai dit que nous n'allions sûrement pas rester assis à jouer à « c'est affreux, n'est-ce pas ? », parce que nous connaissions déjà le refrain. Nous avons donc fait de notre mieux, dans un registre positif, pour nous soutenir les uns les autres. Nous continuons à nous rencontrer aujourd'hui, et environ deux cents personnes viennent nous rejoindre le mercredi soir à West Hollywood Park.

C'est un groupe extraordinaire pour les malades du sida et chacun y est le bienvenu. Les gens viennent de tous les pays pour voir comment il fonctionne et parce qu'ils se sentent soutenus. Ce n'est pas moi seulement, c'est le groupe. Chacun contribue à le rendre efficace. Nous méditons et pratiquons la visualisation. Nous diffusons et partageons les informations sur les médecines parallèles et les dernières méthodes médicales. Des participants peuvent s'allonger sur des tables d'énergie au fond de la pièce et d'autres pratiquer sur eux l'imposition des mains et prier. Nous avons des membres de la Science of Mind à qui ils peuvent parler. À la fin de la réunion, nous chantons et nous nous étreignons. Le but est que chacun reparte plus heureux qu'il n'est arrivé ; parfois, certains repartent avec un tel moral que l'effet peut s'en faire ressentir sur plusieurs jours.

Les groupes de soutien sont devenus une nouvelle expression sociale et sont des instruments très efficaces pour cette époque complexe. Beaucoup d'Églises de la « pensée nouvelle », telles que Unity and Religious Science, organisent des groupes hebdomadaires. Nombre d'entre eux sont signalés dans les magazines et journaux Nouvel Âge. Le système de réseau est très important. Il stimule et incite chacun à se mobiliser un peu plus. Je conseille aux gens qui ont des idées similaires de se rassembler d'une façon régulière.

Quand des personnes travaillent ensemble sur un objectif commun, elles apportent leur douleur, leur confusion, leur colère, et bien d'autres choses encore, et se rencontrent non pour se plaindre, mais pour trouver un moyen de dépasser ce stade, de le transcender et de grandir.

Si vous êtes très déterminé, très discipliné et très spirituel, vous pouvez accomplir un gros travail sur et par vous-même. Quand vous faites la même chose avec un groupe, vous pouvez effectuer des sauts quantiques, car chacun enseigne à l'autre. Toute personne du groupe est un enseignant. Aussi, quand vous avez des problèmes à résoudre, je vous conseille, dans la mesure du possible, de vous joindre à un groupe où vous pourrez trouver ensemble des solutions.

7. **Aimez votre négativité.** Elle fait partie de votre création, tout comme nous faisons tous partie de la création de Dieu. L'Intelligence qui nous a créés ne nous hait pas si nous commettons des erreurs ou nous mettons

en colère contre nos enfants. Cette Intelligence sait que nous faisons de notre mieux et aime toute Sa création, comme nous pouvons aimer la nôtre. Vous et moi faisons tous des choix négatifs, et si nous persistons à nous punir pour cela, nous créons à la longue un schéma ; il nous sera ensuite difficile de nous en libérer afin d'adopter une attitude plus positive.

Si vous répétez sans cesse : « Je déteste mon travail. Je déteste ma maison. Je déteste ma maladie. Je déteste cette relation. Je déteste ceci, je déteste cela », n'espérez pas trop voir les bonnes choses se manifester dans votre existence.

Quelle que soit la situation négative dans laquelle vous vous trouvez, elle a sa raison d'être ; sinon elle ne se serait pas présentée à vous. Le docteur John Harrison, auteur de *Love Your Disease* (Aimez votre maladie), dit qu'on ne doit jamais reprocher aux patients leurs multiples opérations ou maladies. En fait, les patients peuvent se féliciter d'avoir trouvé une façon de satisfaire leurs besoins. Comprenons que, quel que soit notre problème, nous l'avons créé afin de pouvoir affronter certaines situations. Une fois que nous en aurons pris conscience, nous trouverons une manière positive de combler nos désirs.

Parfois, les personnes atteintes de cancer ou autre maladie grave ont un tel mal à dire « non » au représentant de l'autorité dans leur existence que, à un niveau inconscient, elles créent un grand mal-être qui exprimera ce « non » à leur place. J'ai connu une femme qui, en prenant conscience que sa maladie n'était qu'une façon de se soustraire aux exigences de son père, décida, pour la première fois, de se mettre à vivre pour elle-même. Elle commença à lui dire « non ». Et bien que ce fût difficile pour elle au départ, elle persista à tenir ses positions et fut ravie de découvrir qu'elle se rétablissait.

Quels que soient nos schémas négatifs, nous pouvons apprendre à aller au-devant de nos besoins de façon plus positive. C'est pourquoi il est si important de vous poser la question : « Quel est le bénéfice de cette expérience ? Quel en est l'aspect positif pour moi ? » Nous n'aimons pas répondre à cette question. Cependant, si nous regardons vraiment en nous, avec honnêteté, nous trouverons la réponse.

Peut-être sera-t-elle du type : « C'est la seule manière d'obtenir l'attention de mon conjoint. » Lorsque vous avez compris cela, vous pouvez chercher d'autres façons positives d'atteindre cet objectif.

L'humour est un outil précieux — il nous aide à nous détendre et à nous abandonner en période de crise. Lors de chaque *Hayride*, nous réservons toujours un temps pour les plaisanteries. Une intervenante vient parfois nous rendre visite ; nous l'appelons « la rieuse ». Son rire est contagieux et nul n'y résiste. Nous ne pouvons pas toujours nous prendre au sérieux et le rire est un puissant remède. Si votre moral est au plus bas, je vous conseille aussi de regarder de vieux films tels que ceux de Laurel et Hardy.

Lorsque je donnais des consultations privées, je m'arrangeais pour faire en sorte que les gens commencent à rire de leurs problèmes. Quand on peut considérer sa vie comme une pièce de théâtre où se succèdent comédies, vaudevilles et drames, on commence à avoir une optique nouvelle qui ouvre la voie de la guérison. L'humour nous permet de nous retirer de la situation et de la considérer selon une perspective plus large.

8. **Prenez soin de votre corps.** Considérez-le comme une maison superbe dans laquelle vous vivez pour un temps. Vous prendriez soin de cette maison, n'est-ce pas ? Alors faites attention à ce que vous mettez dans votre organisme. La drogue et l'alcool sont deux des moyens de fuite les plus répandus. Si vous êtes toxicomane, vous n'êtes pas pour autant « mauvais ». Cela signifie simplement que vous n'avez pas trouvé de manière plus positive de combler vos besoins.

Les drogues nous aguichent : « Viens jouer avec moi et je te promets de bons moments. » C'est vrai. Elles peuvent vous procurer de merveilleuses sensations. Toutefois, elles altèrent tellement votre réalité que, même si vous ne vous en rendez pas compte au départ, vous devrez payer très cher ces instants de bonheur factice. Au bout de quelque temps, votre santé est très atteinte et vous êtes presque en permanence dans un état lamentable. Les drogues affectent le système immunitaire, ce qui peut conduire à de multiples troubles pathologiques. Après un usage prolongé, vous pouvez également développer une accoutumance ; vous commencez alors à vous demander ce qui vous a incité à prendre cette drogue au départ. La pression de l'entourage a pu vous pousser à goûter à ce fruit défendu, mais de là à en faire une consommation régulière et prolongée, c'est une autre histoire.

Je n'ai encore jamais rencontré de toxicomane qui s'aime vraiment. Nous avons recours aux drogues et à l'alcool pour fuir nos prétendus manquements de l'enfance et, quand leurs effets se dissipent, nous nous sentons plus mal que jamais. Alors nous éprouvons en plus le fardeau de la culpabilité. Nous devons savoir que nous ne craignons rien à ressentir nos émotions et à les reconnaître. Les émotions passent, elles ne restent pas.

Se gaver de nourriture est une autre façon de se soustraire à l'amour. On ne peut vivre sans se nourrir, car le corps a besoin de carburant pour créer des cellules neuves. Même si nous connaissons les bases d'une bonne nutrition, nous utilisons les aliments et les régimes pour nous punir et nous rendre obèses.

Depuis plusieurs dizaines d'années, nous suivons ce que j'appelle le *Great American Diet* (le grand régime américain) en absorbant toutes sortes de produits artificiels. Nous nous sommes laissés influencer par l'industrie alimentaire et ses slogans publicitaires. On n'enseigne même plus la nutrition dans les écoles de médecine, sauf pour ceux qui se spécialisent dans cette branche. Ce que nous appelons la médecine conventionnelle, de nos jours, se focalise principalement sur la pharmacologie et la chirurgie ; aussi, si nous souhaitons réellement nous renseigner sur la nutrition, nous devons nous débrouiller seuls. C'est un acte d'amour envers nous-mêmes que de prendre conscience de notre alimentation et de ses répercussions sur notre organisme.

Si, une heure après le déjeuner, vous avez envie de dormir, réfléchissez à votre repas. Vous avez peut-être mangé quelque chose qui ne convient pas à votre organisme en ce moment. Commencez à noter ce qui vous donne de l'énergie et ce qui vous abat. Vous pouvez procéder par tâtonnements ou bien trouver un bon diététicien qui répondra à vos questions.

Rappelez-vous que ce qui est bon pour vous ne l'est pas forcément pour quelqu'un d'autre — nos organismes réagissent différemment. Les régimes macrobiotiques font merveille chez beaucoup de monde. La méthode de Harvey et Marilyn Diamond, *Le Régime Plus*, également. Ce sont des concepts radicalement opposés, et pourtant les deux atteignent leur but. Il n'y a pas deux corps semblables, aussi ne peut-on prétendre qu'une seule méthode marche. Vous devez trouver celle qui vous convient le mieux.

☆☆☆

Trouvez un exercice qui vous plaît, amusant à faire. Créez une attitude mentale positive quant à cet exercice. Souvent, les obstacles que vous créez dans votre organisme résultent de ce que les autres vous font « avaler ». Une fois encore, si vous voulez changer, vous devez vous pardonner et arrêter d'engranger la colère et la rancœur dans votre organisme. Associer des affirmations avec votre exercice est une façon de reprogrammer les concepts négatifs quant à votre corps et son allure.

☆☆☆

Nous vivons à une époque où les nouvelles technologies dans le domaine de la santé se multiplient, et nous apprenons par exemple à associer d'anciennes sciences de guérison telles que la médecine ayurvédique à des techniques à base de sons. Le son peut stimuler nos ondes cérébrales et accélérer les processus d'apprentissage et de guérison. Des recherches ont montré que l'on peut guérir la maladie en changeant mentalement notre structure d'ADN. Selon moi, d'ici la fin du siècle, nous explorerons des possibilités qui se révéleront profondément bénéfiques pour tous.

9. J'insiste souvent sur l'importance du **travail du miroir** pour trouver l'origine d'un problème qui nous empêche de nous aimer. Il existe plusieurs façons de pratiquer ce travail. J'aime quant à moi me regarder au saut du lit, le matin, et dire : « Je t'aime. Que puis-je faire pour toi aujourd'hui ? Comment puis-je te rendre heureuse ? » Écoutez votre voix intérieure avec l'intention de suivre ses directives. Vous n'obtiendrez peut-être pas de messages tout de suite ; vous êtes tellement habitué à vous critiquer que vous ne savez comment répondre à une pensée d'amour et de douceur.

S'il vous arrive une chose désagréable au cours de la journée, placez-vous devant le miroir et dites-vous : « Je t'aime tout de même. » Les événements vont et viennent, mais votre amour pour vous-même est constant, et reste votre plus belle qualité. S'il vous arrive une chose merveilleuse, allez devant le miroir et remerciez-vous. Reconnaissez que vous êtes le créateur de cette expérience.

☆☆☆

Vous pouvez également pardonner devant le miroir. Vous pardonner et pardonner aux autres. Vous pouvez parler à d'autres personnes, surtout quand vous redoutez de vous adresser directement à elles. Vous pouvez régler de vieux litiges — avec des parents, patrons, enfants, amants... Vous pouvez dire tout ce que vous n'oseriez pas dire autrement, mais n'oubliez pas de finir en leur demandant leur amour et leur approbation, car c'est ce que vous souhaitez réellement.

Les personnes qui rencontrent des difficultés à s'aimer sont presque toujours celles qui répugnent à pardonner, car le refus de pardonner ferme cette porte particulière. Quand nous pardonnons et lâchons prise, non seulement nous nous sentons les épaules beaucoup plus légères, mais la porte donnant sur l'amour de soi s'ouvre. Les gens disent : « Oh, je suis libéré d'un tel fardeau ! » Oui, bien sûr, car ils ont porté ce poids si longtemps. Le docteur John Harrison affirme que le pardon, à la fois de soi-même et de ses parents, associé à l'élimination des offenses et blessures du passé, guérit plus de maladies que n'importe quel antibiotique.

Il faut beaucoup pour qu'un enfant cesse d'aimer ses parents, mais une fois que l'amour n'est plus là, il faut encore plus pour que l'enfant pardonne. Quand on ne pardonne pas, quand on ne lâche pas prise, on s'enchaîne au passé et, une fois enchaîné au passé, on ne peut vivre dans le présent, et si on ne vit pas dans le présent, comment pourra-t-on jamais créer un bel avenir ? Les vieux déchets du passé ne peuvent que créer davantage de déchets pour l'avenir.

☆☆☆

Les affirmations formulées devant un miroir ont l'avantage de vous aider à découvrir la vérité de votre existence. Quand vous prononcez une affirmation et que vous surprenez immédiatement une réponse négative du type : « Tu plaisantes ? Ce n'est pas vrai. Tu ne mérites pas cela », vous venez de recevoir un cadeau très utile. Vous ne pourrez effectuer les changements souhaités à moins d'être prêt à voir ce qui vous en empêche. La réponse négative que vous venez de percevoir est comme un cadeau, car elle devient la clé de la liberté. Renversez cette réponse négative en affirmation positive : « Je mérite désormais tout le bien. Je permets aux bonnes expériences de remplir ma vie. » Répétez cette nouvelle affirmation jusqu'à ce qu'elle fasse partie de votre existence.

J'ai aussi vu des familles entières se transformer quand un seul de ses membres pratique l'affirmation. Beaucoup de participants des réunions *Hayride* viennent de familles désunies où personne ne leur parle ; ils sont comme des étrangers les uns pour les autres. Je leur fais répéter les affirmations suivantes : « J'entretiens une communication merveilleuse, pleine d'amour, chaleureuse, ouverte, avec chaque membre de ma famille, y compris ma mère », ou la personne avec qui ils se heurtent particulièrement. Je leur suggère, chaque fois que cette personne ou la famille se présente à l'esprit, de se placer devant le miroir et de répéter cette affirmation, encore et encore. Il est étonnant de voir les parents venir d'eux-mêmes aux réunions trois, six ou neuf mois plus tard.

10. Enfin, **aimez-vous *maintenant.*** N'attendez pas d'être conforme à ce que vous souhaitez être. Le mécontentement de soi est un schéma. Si vous pouvez être satisfait de vous dès aujourd'hui, si vous pouvez vous aimer et vous approuver, quand ce qui est bon pour vous se manifestera dans votre vie, vous serez à même de l'apprécier. Une fois que vous aurez appris à vous aimer, vous pourrez commencer à aimer et à accepter les autres.

On ne peut pas changer les autres, alors laissez-les tranquilles. On perd beaucoup trop d'énergie à vouloir transformer autrui. Si nous utilisons cette énergie sur nous-mêmes, nous pourrons nous transformer, et lorsque nous serons différents, les autres se comporteront différemment avec nous.

On ne peut apprendre à vivre à la place d'autrui. Chacun doit apprendre sa propre leçon. Contentez-vous d'apprendre pour vous-même, l'amour de soi est la première leçon ; ainsi vous ne serez pas vulnérable aux attitudes destructrices des autres. Si vous êtes en relation avec une personne réellement négative qui refuse de changer, vous devrez vous aimer assez pour pouvoir sortir de cette relation.

☆☆☆

À l'occasion de l'une de mes conférences, une femme me confia que son mari était très négatif et elle ne souhaitait pas qu'il exerce une mauvaise influence sur ses deux enfants en bas âge. Je lui ai suggéré, pour débuter, d'affirmer que son mari était un homme fantastique, qui travaillait sur lui-même pour faire émerger ses meilleures qualités. Je lui ai dit d'affirmer ce qu'elle souhaitait voir se passer et, chaque fois qu'il se montrait négatif, de se répéter silencieusement l'affirmation. Cependant, si la relation persistait à être négative en dépit de ces affirmations, alors la réponse se trouvait peut-être là — le couple ne pouvait pas s'entendre, tout simplement.

En raison du taux croissant de divorces aux États-Unis, je pense que les femmes devraient s'interroger avant de mettre un enfant au monde : « Suis-je vraiment prête à élever cet enfant entièrement seule ? » Être un parent seul devient de plus en plus courant, et c'est presque toujours à la femme qu'échoit la responsabilité d'élever les enfants. À une époque, le mariage durait toute la vie, mais les temps ont changé et cette éventualité doit impérativement être envisagée.

Bien trop souvent, nous restons dans des relations destructrices qui nous dévalorisent. En clair, cela signifie : « Je ne suis pas digne d'amour, aussi je reste ici et j'accepte cette situation, car je dois la mériter, et de toute façon je suis certaine que personne d'autre ne voudrait de moi. »

Je sais que cela paraît sans doute simpliste et que je me répète, mais je reste intimement convaincue que le moyen le plus rapide de régler les conflits, quels qu'ils soient, est de s'aimer. Il est surprenant de constater à quel point les vibrations d'amour que nous émettons attirent à nous des gens aimants.

✩✩✩

À mon avis, l'amour inconditionnel est l'objectif que nous nous sommes fixé en venant ici. Il commence par l'acceptation et l'amour de soi.

Vous n'êtes pas venu pour faire plaisir aux autres ni pour vivre selon leurs normes. Vous ne pouvez vivre votre existence que selon vos propres normes et marcher sur votre propre chemin. Vous êtes ici pour vous épanouir et exprimer l'amour au niveau le plus profond qui soit. Vous êtes ici pour apprendre, pour grandir, pour recevoir et émettre compassion et compréhension. Quand vous quitterez cette planète, vous n'emporterez ni votre relation, ni votre voiture, ni votre compte en banque, ni votre emploi. La seule chose qui vous suivra est votre aptitude à aimer !

Chapitre 9

Aimer l'enfant intérieur

Si vous avez du mal à être proche des autres, c'est que vous ignorez comment l'être de votre propre enfant intérieur. L'enfant en vous a peur et il souffre. Soyez là pour lui.

Avant toute chose, il est essentiel de guérir l'enfant oublié en nous. La plupart d'entre nous ignorent cet enfant depuis trop longtemps.

Quel que soit votre âge, vous portez en vous un enfant qui a besoin d'amour et d'acceptation. Si vous êtes une femme, même très indépendante, vous avez une petite fille en vous, très tendre, qui a besoin d'aide ; et si vous êtes un homme, même très macho, vous avez tout de même un petit garçon en vous qui a un énorme besoin de chaleur et d'affection.

Tout âge que vous avez vécu est en vous — dans votre conscience et votre mémoire. Dans votre enfance, lorsque quelque chose n'allait pas, vous aviez tendance à penser que c'était votre faute. Les enfants se forgent l'idée que, si seulement ils pouvaient être irréprochables, leurs parents et les autres les aimeraient, et qu'ils ne seraient plus battus ni punis.

Ainsi, chaque fois que l'enfant veut quelque chose et ne l'obtient pas, il se dit : « Je ne suis pas assez bien. Je suis imparfait. » Et, à mesure que nous grandissons, nous rejetons certaines parties de nous-mêmes.

À ce stade de notre vie — dès cet instant — il faut que nous commencions à créer notre être global et que nous acceptions chaque partie qui nous compose, celle qui a fait des bêtises, celle qui était un peu bizarre, celle qui avait peur, celle qui se comportait de façon parfois ridicule... Chacune des parties de nous-mêmes.

À mon avis, nous nous fermons ou nous déconnectons vers l'âge de cinq ans. Nous prenons cette décision, car nous nous trouvons trop imparfaits et ne voulons, dès lors, plus rien avoir à faire avec l'enfant.

Il y a un parent en nous, également. Vous avez un enfant et vous avez un parent, et, presque toujours, le parent réprimande l'enfant, d'une façon pratiquement constante. Si vous vous mettez à l'écoute de votre dialogue intérieur, vous pouvez entendre les remontrances. Vous pouvez entendre le parent qui critique ce que vous faites ou vous reproche vos imperfections.

En conséquence, nous partons en guerre contre nous-mêmes et nous commençons à nous critiquer, tout comme nos parents l'ont fait. « Tu es bête. Tu n'es pas assez doué. Tu t'y prends mal. Et voilà, tu as encore tout gâché ! » Cela devient un schéma. Une fois adultes, la plupart d'entre nous ignorent totalement l'enfant qui est en eux, ou bien le critiquent comme nous-mêmes avions coutume d'être critiqués. Nous répétons le schéma, encore et encore.

J'ai entendu un jour John Bradshaw, auteur de plusieurs livres merveilleux sur la guérison de l'enfant en soi, dire que, une fois adultes, nous avons tous 25 000 heures d'enregistrement de parent en nous. À votre avis, combien d'heures vous disent que vous êtes fantastique ? Combien vous disent que vous êtes aimé, brillant, intelligent ? Ou encore que vous êtes capable de tout entreprendre avec succès et que vous deviendrez quelqu'un de formidable ? En réalité, ces enregistrements ne répètent-ils pas plutôt « non, non, non », sur tous les tons et de toutes les manières imaginables ?

Quoi d'étonnant alors à ce que nous nous imposions des interdits et des obligations ? Nous agissons en fonction de ces vieux enregistrements. Toutefois, ce ne sont que des enregistrements et non la réalité de votre être, la vérité de votre existence. Ce ne sont que des enregistrements qui défilent en vous, et qui peuvent être effacés ou remplacés.

Chaque fois que vous dites avoir peur, prenez conscience que c'est l'enfant en vous qui a peur. L'adulte, lui, n'a en fait pas peur du tout, mais cependant cet adulte n'est pas là pour l'enfant. L'adulte et l'enfant doivent nouer une relation l'un avec l'autre. Parlez entre vous de ce que vous faites. Je sais que cela peut paraître stupide, mais c'est efficace. Faites comprendre à l'enfant que, quoi qu'il se passe, vous ne l'abandonnerez jamais. Vous serez toujours disponible pour lui et vous l'aimerez.

Supposons que, très jeune, vous ayez eu une expérience fâcheuse avec un chien ; il vous a peut-être effrayé ou même mordu. L'enfant en vous pourrait très bien avoir encore peur des chiens, bien que vous soyez devenu un adulte grand et fort. Vous vous trouverez peut-être nez à nez dans la rue avec un chien minuscule et l'enfant en vous sera pris de panique. Il criera : « Attention, CHIEN ! Je vais être mordu. » C'est une occasion idéale pour que le parent en vous dise à l'enfant : « Tout va bien, je suis adulte, maintenant. Je m'occuperai de toi. Je ne laisserai pas ce chien te faire du mal. Tu n'as plus aucune raison d'avoir peur. » Commencez ainsi à jouer votre rôle de parent vis-à-vis de l'enfant.

Guérir les blessures du passé

J'ai découvert que tout travail avec l'enfant intérieur est très salutaire pour aider les blessures du passé à se refermer. Nous ne sommes pas toujours en contact avec les sentiments de l'enfant effrayé en nous. Si votre enfance s'est déroulée sous le signe de la peur et de la violence, et que vous vous détruisez mentalement aujourd'hui, vous continuez à faire subir le même traitement à votre enfant intérieur et il est votre prisonnier. Il est nécessaire de dépasser les limitations de vos parents et de prendre contact avec cet enfant perdu en vous. Il a besoin de savoir que vous vous occupez de lui.

Prenez un instant pour parler à votre enfant : « Je m'occupe de toi. Je t'aime. Je t'aime vraiment. » Peut-être avez-vous jusqu'à présent adressé ces mots à l'adulte en vous. Aussi commencez à parler à l'enfant. Visualisez-vous en train de lui prendre la main et de l'emmener partout avec vous pendant quelques jours, et voyez les merveilleuses expériences que vous pourrez vivre ensemble.

Vous devez communiquer avec cette partie de vous-même. Quels messages souhaitez-vous entendre ? Asseyez-vous dans le calme, fermez les yeux et parlez à votre enfant. Si vous ne lui avez pas adressé la parole depuis une soixantaine d'années, il faudra peut-être essayer plusieurs fois avant qu'il soit certain que vous désirez vraiment lui parler. Persistez : « Je veux te parler. Je veux te voir. Je veux t'aimer. » Vous finirez par établir le contact. Vous pourrez peut-être voir cet enfant, le ressentir ou l'entendre.

Quand vous vous adressez à lui pour la première fois, commencez par vous excuser. Dites-lui que vous êtes désolé de ne pas lui avoir parlé pendant toutes ces années, ou que vous regrettez de l'avoir si longtemps malmené. Dites-lui encore que vous voulez rattraper le temps perdu. Demandez-lui ce que vous pourriez faire pour le rendre heureux. Demandez-lui ce qui l'effraie, comment vous pouvez l'aider et ce qu'il attend de vous.

Commencez par des questions toutes simples ; il vous répondra. « Qu'est-ce qui te ferait plaisir ? Qu'as-tu envie de faire aujourd'hui ? » Vous pouvez par exemple lui dire : « J'ai envie de courir, et toi ? Il répondra peut-être : « Je veux aller à la plage. » La communication entre vous sera établie. Persistez. Si vous pouvez prendre quelques instants chaque jour pour vous mettre en relation avec ce petit être en vous, votre vie en sera largement améliorée.

Communiquer avec l'enfant intérieur

Certains d'entre vous sont déjà peut-être en relation avec leur enfant intérieur. De nombreux livres traitent de ce sujet ; vous en trouverez quelques-uns indiqués à la fin de ce volume si vous souhaitez approfondir la question.

Vous trouverez beaucoup d'aide dans ce domaine, Vous n'êtes ni seul ni sans ressources, mais il vous faudra tendre la main afin de vous faire aider.

☆☆☆

Je vous suggère aussi de trouver une photographie de vous-même enfant. Observez-la attentivement. Que voyez-vous ? Est-il heureux ou malheureux, cet enfant ? Peu importe, établissez la relation avec lui. S'il semble craintif, demandez-lui la raison de sa peur et efforcez-vous de le rassurer. Trouvez plusieurs photos de vous-même et parlez à l'enfant sur chacune d'elles.

Il est bon également de parler à l'enfant devant le miroir. Si vous aviez un surnom, étant petit, utilisez-le. Gardez une boîte de mouchoirs en papier à portée de la main. Je vous suggère de vous asseoir devant le miroir ; si vous restez debout, vous vous enfuirez à la première difficulté. Alors asseyez-vous avec vos mouchoirs et commencez à parler.

Vous pouvez aussi communiquer par l'écriture. Là encore, une foule d'informations se manifesteront. Utilisez deux stylos ou feutres de couleurs différentes. Avec l'un d'eux dans votre main dominante, écrivez une question. De l'autre, la main non dominante, laissez l'enfant écrire la réponse. C'est un exercice fascinant. En écrivant la question, l'adulte a l'impression de connaître la réponse, mais quand vous prenez l'autre crayon de votre main malhabile, la réponse se manifeste souvent de façon totalement inattendue.

Vous pouvez aussi dessiner ensemble. Vous aimiez sans doute dessiner et colorier quand vous étiez petit, jusqu'à ce qu'on vous dise de faire plus attention et de ne pas déborder des lignes. Alors recommencez à dessiner. Prenez le crayon de votre main non dominante et illustrez une scène qui vient juste de se passer. Notez ce que vous éprouvez. Posez une question à l'enfant et laissez-le dessiner, sans intervenir. Voyez ce qu'il en ressort.

Si vous avez l'occasion de participer à de petits groupes de soutien, vous pourrez travailler ensemble sur ces idées. Vous pourrez tous, par exemple, faire dessiner votre enfant intérieur, puis discuter ensemble de la signification de ces dessins. L'information que vous recevrez sera peut-être étonnamment révélatrice.

☆☆☆

Jouez avec votre enfant intérieur. Faites ce qu'il a envie de faire. Quand vous étiez petit, comment aimiez-vous occuper votre temps ? Et depuis quand ne l'avez-vous pas fait ? Trop souvent, le parent en nous s'interpose et nous empêche de nous amuser, car ce n'est pas une attitude adulte. Alors, prenez le temps de jouer et de vous amuser. Faites les bêtises qui vous réjouissaient, comme de sauter dans un tas de feuilles mortes ou de courir sous le tuyau d'arrosage. Regardez les autres enfants jouer. Cela éveillera des souvenirs des jeux auxquels vous preniez plaisir.

Si vous voulez vous rendre la vie plus gaie, contactez votre enfant intérieur et manifestez-vous depuis cet espace de spontanéité et de joie. Je vous garantis que vous commencerez vraiment à trouver la vie beaucoup plus amusante.

☆☆☆

Étiez-vous un enfant attendu à bras ouverts ? Vos parents se réjouissaient-ils réellement de votre naissance ? Étaient-ils heureux que vous soyez un garçon, ou une fille ? Vous *sentiez*-vous désiré ? A-t-on fêté votre naissance ? Quelles que soient les réponses, souhaitez aujourd'hui la bienvenue à votre enfant. Organisez une fête. Dites-lui toutes les choses merveilleuses qu'on dit généralement à un enfant vraiment désiré.

Qu'espériez-vous toujours que vos parents vous disent quand vous étiez petit ? Qu'est-ce qu'ils ne disaient jamais et que vous attendiez toujours ? Très bien, dites-le maintenant à votre enfant. Dites-le lui chaque jour pendant un mois en vous regardant dans le miroir. Voyez ce qu'il se passe.

Si vous aviez des parents alcooliques ou violents, vous pouvez méditer et les visualiser comme des gens sobres et doux. Donnez à votre enfant ce qu'il espère. Il a probablement été privé depuis trop longtemps. Commencez à visualiser le genre de vie que vous souhaiteriez mener avec cet enfant. Quand il se sentira en sécurité et heureux, il pourra vous faire confiance. Demandez-lui : « Que puis-je faire pour que tu aies confiance en moi ? » De nouveau, vous serez sans doute étonné des réponses.

Si vos parents ne vous aimaient pas du tout et qu'il vous est vraiment difficile de les évoquer, trouvez une photographie représentant votre idéal de père et de mère. Placez-la à côté d'une photographie de vous-même enfant. Créez de nouvelles images. Au besoin, réécrivez votre enfance.

☆☆☆

Les croyances qu'on vous a inculquées pendant votre enfance sont encore vivaces chez votre enfant intérieur. Si vos parents avaient des idées rigides et que vous êtes très dur envers vous-même ou avez tendance à vous murer dans une forteresse, c'est probablement que votre enfant perpétue les principes parentaux. Si vous continuez à vous reprocher le plus petit faux pas, votre enfant intérieur doit redouter de se réveiller le matin. » À propos de quoi va-t-il encore me sermonner aujourd'hui ? »

Ce que nos parents nous ont fait subir dans le passé relevait de leur conscience. Nous sommes les parents désormais. Nous utilisons notre conscience. Si vous refusez toujours de vous occuper de votre enfant, vous êtes figé dans une rancœur que vous croyez justifiée. Inévitablement, cela signifie qu'il y a encore quelqu'un à qui pardonner. Alors, quelle faute avez-vous commise à vos yeux qui vous empêche de vous pardonner ? Que vous faut-il pour cesser de vous y cramponner ? Quoi que ce soit, lâchez prise.

Si nous ne donnons pas aujourd'hui à l'enfant le réconfort et l'attention dont il a besoin, n'en attribuons pas la faute à nos parents. Ils agissaient selon leurs croyances à une période particulière. Cependant, maintenant, en cet instant précis, nous savons comment agir pour nourrir l'enfant en nous.

Ceux d'entre vous qui avaient ou qui ont un animal familier savent ce qu'il en est de rentrer chez soi et d'être accueilli avec joie. Ce que vous portez sur vous ne l'intéresse pas ; il se moque totalement de l'âge que vous avez, de l'argent que vous avez pu gagner dans la journée. La seule chose qui compte pour lui, c'est que vous êtes là. Son amour pour vous est inconditionnel.

Faites-en autant pour vous-même. Réjouissez-vous d'être en vie et d'être là. Vous êtes la seule personne avec qui vous allez vivre pour l'éternité. Jusqu'à ce que vous soyez prêt à aimer votre enfant intérieur, les autres auront du mal à vous aimer. Acceptez-vous inconditionnellement et avec un cœur ouvert.

☆☆☆

Il me paraît souvent très utile de créer une méditation pour rassurer l'enfant. Étant donné que j'ai été victime de l'inceste, j'ai inventé une merveilleuse histoire pour ma petite fille.

D'abord, elle a une grand-mère fée qui ressemble à celle du *Magicien d'Oz*, car c'est ce qui lui plaît. Je sais que, quand je ne suis pas avec elle, elle est auprès de sa grand-mère, en sécurité. Elle vit tout en haut d'un gratte-ciel, avec un portier et deux gros chiens, aussi ne redoute-t-elle plus qu'on lui fasse du mal. Quand je parviens à la rassurer totalement, je peux, en tant qu'adulte, l'aider à s'affranchir des expériences douloureuses.

Récemment, je me suis « décentrée » et me suis retrouvée à pleurer pendant deux heures. Je me suis rendu compte que l'enfant en moi s'était brusquement sentie blessée et vulnérable. J'ai dû lui dire qu'elle n'avait rien à se reprocher et qu'elle réagissait simplement à ce qui s'était passé. Dès que je l'ai pu, j'ai formulé des affirmations et médité, sachant qu'un Pouvoir bien supérieur m'assistait et m'aimait. Après cela, la petite fille s'est remise de sa frayeur et ne s'est plus sentie abandonnée.

Je crois aussi beaucoup aux ours en peluche. Pour un enfant, le nounours est souvent le premier confident. Vous pouviez lui confier tous vos problèmes et vos secrets, jamais il n'a trahi votre amitié. Il était toujours à votre disposition. Sortez dès aujourd'hui votre nounours du placard et rendez-le à votre enfant. Il serait fantastique que les hôpitaux fournissent des ours pour tous les lits, afin que, lorsque l'enfant en nous se sent perdu ou seul au beau milieu de la nuit, il puisse avoir un nounours à étreindre.

Vos nombreuses facettes

Les relations amoureuses sont merveilleuses, les mariages aussi, mais la réalité est qu'ils sont temporaires, alors que la relation avec *vous-même* est éternelle. Aimez la famille que vous portez en vous — l'enfant, le parent et l'adolescent qui se trouvent entre les deux.

Rappelez-vous qu'il y a aussi un adolescent en vous. Souhaitez-lui la bienvenue. Travaillez avec lui comme vous l'avez fait avec l'enfant. Quelles sont les difficultés que vous avez traversées pendant l'adolescence ? Interrogez l'adolescent de la même manière que l'enfant. Aidez-le à vivre les moments difficiles et intimidants de la puberté et au-delà. Apprenez à l'aimer comme vous apprenez à aimer votre enfant.

☆☆☆

On ne peut s'aimer et s'accepter les uns les autres si on n'aime pas et n'accepte pas l'enfant perdu en soi. Quel âge a cet enfant perdu en vous ? Trois ans ? Quatre ? Cinq ? Généralement, il a moins de cinq ans, car c'est en principe l'âge auquel il se ferme afin de pouvoir survivre.

Prenez votre enfant par la main et aimez-le. Créez une vie merveilleuse pour vous et lui. Dites-vous : « Je désire apprendre à aimer mon enfant. Je le veux. » L'Univers répondra. Vous trouverez des moyens de guérir votre enfant et vous-même. Si nous souhaitons guérir, nous devons être prêts à éprouver nos émotions et les traverser pour nous rendre sur l'autre versant. Rappelez-vous que notre Pouvoir supérieur est toujours là pour encourager nos efforts.

Quelle qu'ait été votre petite enfance, bonne ou mauvaise, vous, et vous seul, êtes désormais responsable de votre vie. Vous pouvez passer votre existence à blâmer vos parents ou tout ce qui a composé votre enfance, vous ne ferez que vous enferrer davantage dans un schéma de victime et jamais cela ne vous aidera à obtenir ce que vous dites vouloir.

Il n'y a rien de tel que l'amour pour tout effacer. Il efface même les plus douloureux souvenirs, car il agit plus profondément que tout le reste. Si les images mentales de votre passé sont très fortes et que vous persistez à affirmer : « C'est leur faute », vous resterez coincé. Que souhaitez-vous ? Une vie de joie ou de peine ? Le choix et les possibilités sont en vous. Regardez-vous dans les yeux et aimez-vous, vous et votre enfant intérieur.

Chapitre 10

Grandir et vieillir

Soyez compréhensif avec vos parents comme vous souhaitez qu'ils le soient avec vous.

Communiquer avec nos parents

Mes années d'adolescence ont été les plus difficiles de ma vie. Je me posais une foule de questions, mais ne voulais pas écouter ceux qui possédaient soi-disant les réponses, surtout les « grands ». Je voulais tout apprendre par moi-même, car je ne me fiais pas du tout à ce que me disaient les adultes.

Je nourrissais une animosité particulière envers mes parents, car j'étais une enfant maltraitée. Je ne comprenais pas que mon beau-père puisse m'agresser comme il le faisait, pas plus que je ne comprenais pourquoi ma mère fermait les yeux sur ce qui se passait. Je me sentais bernée et incomprise, et avais la certitude que ma famille en particulier, et le monde en général, étaient ligués contre moi.

À travers ma carrière de conseillère, surtout avec les jeunes, j'ai pu me rendre compte que nous sommes nombreux à nourrir ce genre de sentiments envers nos parents. Certains adolescents emploient pour décrire ce qu'ils éprouvent des mots tels que : brimé, jugé, surveillé et incompris.

Naturellement, il serait fantastique d'avoir des parents ouverts à toute situation ; cependant, dans la plupart des cas, ce n'est pas possible. Bien que nos parents ne soient que des êtres humains, comme tout un chacun, nous les jugeons généralement injustes, irrationnels, et considérons qu'ils sont à cent lieues de comprendre ce que nous vivons.

☆☆☆

Un adolescent que j'ai eu comme client s'entendait très mal avec son père. Il considérait qu'ils n'avaient rien en commun et, quand son père lui adressait la parole, ce n'était que pour formuler un commentaire négatif ou méprisant. Je lui demandai s'il savait de quelle manière son grand-père avait traité son père ; il l'ignorait. Le grand-père était mort avant sa naissance.

Je lui suggérai donc d'interroger son père sur sa propre enfance et sur la façon dont elle l'avait affecté. Au début, le garçon hésita, mal à l'aise à l'idée de parler à son père et redoutant que sa démarche ne soit tournée en ridicule ou jugée. Cependant, il accepta de se jeter à l'eau.

Lorsqu'il revint me voir, il semblait beaucoup plus détendu. « Eh bien, s'exclama-t-il, je n'aurais jamais imaginé que mon père ait pu avoir une telle enfance ! » Apparemment, le grand-père avait insisté pour que tous ses enfants s'adressent à lui sous le titre de *Sir* et ils vivaient selon le vieux principe qui veut que des enfants ne doivent se faire ni voir ni entendre. S'ils avaient le malheur d'émettre la moindre plainte, ils étaient sévèrement battus. Rien d'étonnant, donc, à ce que le père fût critique.

En grandissant, nous avons pour la plupart la bonne intention de donner à nos enfants une éducation autre que celle que nous avons reçue. Toutefois, pris dans l'engrenage de la vie, tôt ou tard, nous commençons à calquer notre attitude sur celle de nos parents.

Dans le cas de ce garçon, le père infligeait à son fils le même genre de brimades qu'il avait subies durant son enfance et sa jeunesse. Il n'en avait peut-être pas l'intention délibérée ; il ne faisait que reproduire sa propre éducation.

Néanmoins, le garçon parvint à comprendre un peu mieux son père et, en conséquence, père et fils purent communiquer plus librement. Ils auront sans doute à fournir des efforts et à s'armer de patience pour que leur relation soit idéale, mais au moins sont-ils tous deux engagés dans la bonne direction.

✩✩✩

Je pense sincèrement qu'il est important de prendre le temps d'enquêter sur l'enfance de nos parents. S'ils sont toujours de ce monde, nous pouvons leur demander : « *Comment s'est passée ton enfance ? Y avait-il de l'amour dans ta famille ? Comment tes parents te punissaient-ils ?*

Quel genre de contraintes devais-tu subir à l'époque ? Tes parents aimaient-ils tes amis ? Travaillais-tu quand tu étais adolescent ? »

En apprenant à mieux connaître nos parents, nous pouvons voir les schémas qui les ont façonnés et poussés à nous élever comme ils l'ont fait. En les découvrant peu à peu, nous les verrons à la lumière d'une compréhension nouvelle, plus aimante. Nous pourrons peut-être ainsi poser les jalons d'une relation plus ouverte, plus tendre — une relation basée sur le respect et la confiance mutuelles.

Si même le fait de parler avec vos parents vous est difficile, commencez à le faire mentalement devant le miroir. Imaginez-vous en train de leur dire : « Il y a quelque chose dont je voudrais vous parler. » Répétez ce processus plusieurs jours d'affilée. Vous saurez mieux ainsi ce que vous voulez dire et la façon dont vous souhaitez vous y prendre.

Ou bien, méditez et, mentalement, parlez à chacun de vos parents pour régler les vieux conflits. Pardonnez-leur et pardonnez-vous. Dites-leur que vous les aimez. Ensuite, préparez-vous à leur dire la même chose de vive voix.

☆☆☆

Lors de l'un de mes séminaires, un adolescent déclara éprouver beaucoup de colère et ne pas faire confiance aux autres. Il répétait régulièrement ce schéma de méfiance dans toutes ses relations. Quand je l'eus incité à plonger au cœur du problème, il me confia qu'il en voulait énormément à son père de ne pas être à la hauteur de l'image qu'il se faisait de lui.

Une fois de plus, quand nous sommes engagés sur une voie spirituelle, il ne nous appartient pas de changer les autres. Avant tout, nous devons libérer toutes les émotions refoulées que nous n'avons pu exprimer à nos parents, et leur pardonner de ne pas être tels que nous aurions souhaité qu'ils soient. Nous voulons toujours que les autres soient comme nous, pensent comme nous, s'habillent comme nous, se comportent comme nous. Pourtant, et vous le savez bien, nous sommes tous différents.

Afin de nous ménager un espace pour être nous-mêmes, nous devons accorder cet espace aux autres. En forçant nos parents à rentrer dans un moule qui ne leur convient pas, nous nous coupons de notre propre amour. Nous les jugeons de la même manière qu'ils nous jugent. Si nous voulons partager avec nos parents, commençons par nous débarrasser de nos préjugés sur eux.

☆☆☆

Nous sommes nombreux à continuer à avoir des luttes de pouvoir avec nos parents jusque dans l'âge adulte. Tant que vous les laisserez faire, vos parents exerceront leur influence sur vous, aussi, si vous voulez mettre un terme à ce jeu, vous devrez arrêter d'y prendre une part active. Il est temps que vous grandissiez et que vous preniez des décisions quant à ce que vous souhaitez faire. Vous pouvez déjà commencer par appeler vos parents par leurs prénoms. Les appeler papa et maman quand vous avez passé la quarantaine ne contribue qu'à vous maintenir dans votre rôle d'enfant. Il est temps que vous vous comportiez en adulte et cessiez de cautionner cette relation parent-enfant.

Je vous suggère aussi d'écrire, de façon affirmative et détaillée, le genre de relation que vous souhaiteriez avoir avec votre père et/ou votre mère. Commencez par vous le dire à vous-même. Au bout d'un certain temps, vous pourrez le lui (leur) exprimer face à face. Si votre mère ou votre père cherche encore à exercer un ascendant sur vous, vous devrez mettre les choses au point. Vous avez le droit de mener la vie de votre choix. Vous avez le droit d'être un adulte. Ce n'est pas toujours facile, je le sais. D'abord, sachez bien ce que vous désirez, et exprimez-le ensuite à vos parents. Ne leur faites aucun reproche. Demandez : « Comment pouvons-nous régler ce conflit ? »

Rappelez-vous qu'avec la compréhension vient le pardon, et avec le pardon vient l'amour. Quand nous en arriverons à aimer et à pardonner nos parents, nous serons sur la bonne voie pour connaître et apprécier des relations enrichissantes avec tout le monde.

L'estime de soi est nécessaire aux adolescents

Je trouve affolant que le taux de suicide augmente parmi les adolescents. Il semble que de plus en plus de jeunes se sentent écrasés par les responsabilités de l'existence et préfèrent renoncer plutôt que de persévérer et expérimenter la multitude d'aventures que la vie a à offrir. Une bonne partie de ces problèmes résulte de la façon dont nous, les adultes, attendons qu'ils répondent aux situations. Souhaitons-nous qu'ils calquent leurs réactions sur les nôtres ? Les bombardons-nous de notre négativité ?

La période entre dix et quinze ans peut s'avérer très critique. Les enfants de ce groupe d'âge ont tendance à se conformer à l'opinion de l'entourage et feront n'importe quoi pour se sentir acceptés. La rançon de cette acceptation sera la censure de leurs vraies émotions qu'ils refouleront par peur de ne pas être acceptés et aimés pour ce qu'ils sont réellement.

La pression de l'entourage et le stress de la société qui sévissaient durant mon adolescence ne sont rien en comparaison de ce que doivent endurer les jeunes aujourd'hui ; et pourtant, l'année de mes quinze ans, en raison des mauvais traitements physiques et mentaux que je subissais, je quittai l'école et la maison afin de vivre seule. Les adolescents d'aujourd'hui sont confrontés à la drogue, aux agressions de toutes sortes, aux maladies sexuellement transmissibles, aux pressions de l'entourage, aux bandes, aux conflits familiaux ; et, sur un plan global, aux guerres nucléaires, à la dégradation de l'environnement, au crime et à beaucoup d'autres choses.

En tant que parent, vous pouvez discuter des aspects négatifs et positifs de la pression de l'entourage avec vos adolescents. Cette pression s'exerce sur nous du jour même où nous venons au monde jusqu'à celui où nous le quittons. Nous devons apprendre à composer avec elle sans nous laisser dominer.

De la même manière, il est important que nous comprenions pourquoi nos enfants sont timides, sournois, tristes, lents à l'école, destructeurs, etc. Ils sont fortement influencés par les schémas émotionnels et mentaux imprimés au foyer et prennent chaque jour des décisions en fonction de ce système de croyance. Si l'environnement familial n'engendre pas l'amour et la confiance, l'enfant cherchera ailleurs l'amour, la confiance et la compassion. Nombreux sont ceux qui se sentent en sécurité dans les « bandes ». Les jeunes forment entre eux des liens quasi familiaux, en dépit des dysfonctions qu'une telle organisation présente.

J'ai la conviction que de nombreuses difficultés seraient évitées si l'on pouvait amener les jeunes à se poser une question essentielle avant d'agir : « *Est-ce que je m'apprécierai mieux après ?* » Nous pouvons aider nos adolescents à voir les différentes options qui s'offrent à eux pour chaque situation. Avec le choix et la responsabilité, ils retrouvent leur pouvoir, ce qui leur permet de se comporter autrement qu'en victimes du système.

Si nous arrivons à leur enseigner qu'ils ne sont pas des victimes et qu'il leur est possible de modifier leurs expériences en prenant leur vie en main, nous pouvons nous attendre à d'importants bouleversements dans les mentalités.

Il est d'une importance vitale de garder la communication ouverte avec les enfants, surtout à l'époque de l'adolescence. Généralement, dès qu'ils commencent à exprimer leurs sympathies et antipathies, ils se heurtent aux éternelles réprimandes : « Ne dis pas cela. Ne fais pas cela. Ne sois pas comme cela », etc. Au bout du compte, ils finissent par couper toute communication et parfois même par quitter le domicile familial. Si vous souhaitez rester en contact avec vos enfants dans votre vieillesse, entretenez l'échange avec eux quand ils sont plus jeunes.

Encouragez le caractère unique de l'enfant. Permettez aux adolescents de s'exprimer dans leur style, même si vous pensez que ce n'est qu'une lubie du moment. Ne cherchez pas à les prendre en défaut ni à les humilier. Dieu sait que je suis passée par un nombre incalculable de modes et engouements dans ma vie, comme vous et comme vos adolescents.

Les enfants apprennent par nos actions

Les enfants ne font jamais ce qu'on leur dit de faire ; ils font *ce que nous* faisons. Nous ne pouvons pas leur dire : « Ne fume pas » ou « Ne bois pas » ou « Ne te drogue pas », si *nous* le faisons. Nous devons leur servir d'exemple et vivre l'existence que nous aimerions les voir mener. Quand les parents sont prêts à travailler sur l'amour de soi, il s'installe dans la famille une harmonie réellement stupéfiante. Les enfants répondent avec un sens renouvelé d'estime de soi et commencent à éprouver respect et mérite pour ce qu'ils sont.

Il existe un exercice d'estime de soi que vous pouvez pratiquer avec vos enfants : chacun établit la liste de certains objectifs qu'il aimerait atteindre. Demandez à vos enfants d'écrire comment ils s'imaginent dans dix ans, dans un an, dans trois mois. Quel genre de vie souhaiteraient-ils mener ? Quel genre d'amitiés leur seraient profitables ? Faites-leur inscrire leurs buts, brièvement décrits, et les moyens qu'ils se proposent pour y parvenir. Faites de même.

Chacun garde sa liste afin de ne pas perdre ces objectifs de vue. Trois mois plus tard, reprenez ces listes ensemble. Les buts ont-ils changé ? Ne laissez surtout pas vos enfants se décourager s'ils n'ont pas obtenu ce qu'ils souhaitaient. Il est toujours possible de réviser la liste. L'essentiel est de leur donner une perspective positive de leur avenir.

La séparation et le divorce

S'il y a séparation et/ou divorce dans la famille, il est important que les parents se soutiennent mutuellement. C'est imposer un stress inutile et injuste à l'enfant que de dénigrer l'autre parent devant lui.

En tant que parent, vous devez vous aimer à travers les peurs et les colères afin de vivre au mieux cette expérience. Les enfants seront très réceptifs à vos émotions. Si vous êtes bouleversé, si vous souffrez, ils en seront immédiatement marqués. Expliquez-leur que ce que vous vivez n'a rien à voir avec eux et qu'ils n'ont rien à se reprocher.

Ne les laissez surtout pas imaginer que ce qui arrive est de leur faute, comme cela se passe dans la plupart des cas. Assurez-les de votre amour et faites-leur bien comprendre que vous serez toujours là pour eux.

Je vous suggère de travailler devant le miroir chaque matin avec vos enfants. Formulez ensemble des affirmations qui vous aideront à franchir aisément ce cap difficile, afin que personne n'en souffre. Libérez cette douloureuse expérience avec amour et affirmez le bonheur pour tous ceux qui sont concernés.

☆☆☆

Il existe un groupe fantastique nommé *The California State Task Force to Promote Self-Esteem and Personal and Social Responsibility* (Détachement Spécial de l'État de Californie pour encourager l'estime de soi et la responsabilité personnelle et sociale). Ce groupe a été créé en 1987 par le député John Vasconcellos. Au nombre de ses membres figurent Jack Canfield et le docteur Emmett Miller. Je participe aux efforts de ce groupe en effectuant des recherches et en conseillant le gouvernement afin qu'il insère des cours d'estime de soi dans les programmes scolaires. D'autres États ont déjà suivi l'exemple en incluant l'estime de soi dans les cours.

J'ai la conviction que nous sommes au bord d'une véritable révolution dans notre société, surtout dans le domaine de la compréhension de soi. Si les enseignants, tout particulièrement, peuvent retrouver le chemin de l'estime de soi, ils seront d'une aide très précieuse pour nos enfants. Les enfants reflètent les pressions économiques et sociales auxquelles nous sommes confrontés. Tout programme en relation avec l'estime de soi devra inclure les étudiants, les parents et les enseignants, ainsi que les firmes commerciales et les organisations.

Vieillir avec grâce

Beaucoup d'entre nous ont peur de vieillir. À nous entendre, vieillir est une chose horrible et enlaidissante. Pourtant, c'est un processus normal et naturel. Si nous ne pouvons accepter notre enfant intérieur et être en accord avec ce que nous avons été, avec ce que nous sommes, alors comment pourrons-nous jamais accepter l'étape suivante ?

Si vous ne vieillissez pas, quel autre choix avez-vous ? Vous quittez ce monde. Notre civilisation a créé ce que j'appelle le « culte de la jeunesse ». Il est très bien de s'aimer à certaines époques, mais pourquoi ne pas continuer alors que nous prenons de l'âge ? Il nous faudra bien passer par tous les âges.

Les femmes sont nombreuses à éprouver l'angoisse de vieillir. La communauté homosexuelle se heurte aussi à de multiples problèmes concernant la jeunesse, le physique et la perte de la beauté. Vieillir est synonyme de rides, de cheveux gris et de peau flasque, cependant, oui, je veux vieillir. Nous sommes venus pour cela aussi. Nous sommes sur cette planète pour expérimenter tout ce que la vie nous offre.

Je peux comprendre que nous ne souhaitions pas vieillir malades, aussi séparons ces deux concepts. Inutile d'imaginer ou de visualiser une pénible agonie. Personnellement, je ne pense pas du tout que la maladie et la mort soient nécessairement associées.

Choisissons plutôt, quand il sera temps pour nous de partir, quand nous aurons accompli tout ce pour quoi nous sommes venus, d'aller faire une sieste, ou de nous coucher le soir, et de partir en paix. Nous n'avons pas besoin de contracter une maladie mortelle. Nous n'avons pas besoin d'être branchés sur des machines. Nous n'avons pas besoin de souffrir dans un hôpital pour quitter ce monde. Il existe une foule d'informations disponibles sur la manière de rester en bonne santé. Ne remettez pas à demain, commencez dès aujourd'hui. Conservons notre joie de vivre en vieillissant, afin de continuer à expérimenter de nouvelles aventures.

✩✩✩

J'ai fait, il y a quelque temps, une lecture qui m'a intriguée. Il s'agissait d'un article à propos d'une école médicale de San Francisco qui a découvert que notre façon de vieillir n'est pas déterminée par les gènes, mais par un réveil biologique qui se trouve dans notre esprit. Ce mécanisme régule en fait le quand et le comment de notre vieillissement. Et ce réveil est réglé pour une grande part par un facteur important : notre attitude face au vieillissement.

Par exemple, si vous pensez que trente-cinq ans constitue déjà un « certain » âge, cette croyance stimule des changements biologiques dans votre organisme qui accéléreront le processus de vieillissement quand vous atteindrez cet âge. Fascinant, n'est-ce pas ? Quelque part, sans nous en rendre compte, nous décidons de ce qui est « l'entre deux âges » et la vieillesse. Où situez-vous ce seuil pour vous ? J'ai en moi la conviction que je vivrai jusqu'à quatre-vingt-seize ans en restant totalement active et que, en conséquence, il est essentiel que je me maintienne en pleine santé.

Rappelez-vous aussi que nous recevons ce que nous émettons. Soyez conscient de votre attitude envers les personnes âgées, car lorsque votre tour viendra, c'est de cette manière que vous serez traité. Si vous avez certaines opinions sur les gens âgés, de nouveau vous formez des idées auxquelles répondra votre subconscient. Nos croyances, nos pensées, nos concepts sur la vie et sur nous-mêmes se réalisent toujours pour nous.

☆☆☆

Une fois de plus, je pense que vous avez choisi vos parents avant de naître afin d'apprendre de précieuses leçons. Votre Conscience supérieure savait quelles expériences vous seraient utiles pour progresser sur votre chemin spirituel. Aussi, quel que soit le conflit que vous êtes venu régler avec vos parents, il est temps de vous y atteler. Quoi qu'ils disent ou ont dit, quoi qu'ils fassent ou ont fait, vous êtes ici en définitive pour vous aimer vous-même.

En tant que parents, permettez à vos enfants de s'aimer eux-mêmes en leur donnant l'espace dont ils ont besoin pour s'exprimer en toute liberté de façon positive. Pensez aussi que, tout comme nous avons choisi nos parents, nos enfants nous ont choisis. Nous avons tous d'importantes leçons à apprendre.

Les parents qui s'aiment eux-mêmes auront plus de facilité pour enseigner l'amour de soi à leurs enfants. Quand on se sent en harmonie avec soi-même, on peut transmettre cet amour de soi à ses enfants par l'exemple. Plus nous nous efforçons de nous aimer, plus nos enfants prennent conscience qu'ils peuvent suivre notre exemple.

.

Quatrième partie

MISE EN PRATIQUE
DE LA SAGESSE INTÉRIEURE

Toutes les théories du monde demeurent stériles à moins qu'elles ne s'accompagnent d'actions, de changements positifs et, en fin de compte, de guérison.

Chapitre 11

Recevoir la prospérité

Lorsque nous avons peur, nous voulons tout contrôler, et nous empêchons alors ce qui est bon pour nous d'arriver jusqu'à nous. Faites confiance à la vie. Tout ce dont nous avons besoin est là pour nous.

Le Pouvoir en nous est prêt à réaliser nos rêves les plus chers, et à nous donner immédiatement en abondance ce dont nous avons besoin. Le problème, c'est que nous ne sommes pas prêts à recevoir. Si nous désirons quelque chose, notre Pouvoir supérieur ne nous dit pas : « J'y réfléchirai. » Il répond aussitôt et nous expédie notre commande, mais nous devons être prêts à la recevoir. Si nous ne le sommes pas, elle retourne à l'entrepôt des désirs inassouvis.

Souvent, pendant mes conférences, je vois des gens qui m'écoutent bras croisés, et je me demande : « Comment vont-ils laisser entrer ce qu'il faut ? » Ouvrir les bras est un geste merveilleusement symbolique ; l'Univers le remarque et y répond. Ce geste effraie beaucoup de gens qui, en s'ouvrant, redoutent de s'exposer aux pires dangers ; et ce sera sûrement le cas, jusqu'à ce qu'ils changent ce qui, en eux, attire les échecs et les malheurs.

Le terme *prospérité* évoque en général l'argent. Cependant, il renvoie en fait à beaucoup de domaines dont le temps, l'amour, le succès, le confort, la beauté, la connaissance, les relations, la santé et, naturellement, l'argent.

Si vous êtes toujours en train de courir pour faire tout ce que vous voulez, vous manquez de temps. Si vous avez l'impression que la réussite n'est pas pour vous, vous n'y accéderez pas. Si vous trouvez que la vie est pesante et fatigante, vous ne serez jamais en forme. Si vous pensez ne rien savoir et être trop bête pour comprendre les choses, vous ne vous sentirez jamais relié à la sagesse de l'Univers. Si vous éprouvez un manque d'amour et n'entretenez que des relations médiocres, vous aurez du mal à attirer l'amour dans votre vie.

Et la beauté ? La beauté est là, partout où l'on pose les yeux. Avez-vous conscience de cette beauté en abondance sur la planète, ou bien voyez-vous partout la laideur, le gâchis et la saleté ? Et votre santé ? Êtes-vous tout le temps malade ? Attrapez-vous facilement des rhumes ? Êtes-vous souvent sujet aux douleurs, aux migraines ? Enfin, il y a l'argent. Vous êtes nombreux à me dire ne jamais en avoir assez. Quelle somme vous autorisez-vous à avoir ? Partez-vous de l'idée que vos revenus sont fixés d'avance ? Mais par qui ?

Rien de tout cela n'est recevoir. Souvent, on se dit : « Oh, je voudrais ceci, je voudrais cela... » Cependant, abondance et prospérité n'existent que si vous vous autorisez à accepter. Si vous *n'obtenez* pas ce que vous souhaitez, c'est que, à un certain niveau, vous ne vous autorisez pas à l'accepter. Si vous vous montrez avare envers la vie, elle sera avare avec vous. Si vous la volez, elle vous volera.

Soyez honnête envers vous-même

Nous employons souvent ce mot d'honnêteté sans forcément bien comprendre sa vraie signification. On peut avoir une bonne moralité ou être un parangon de vertu sans pour autant être honnête. L'honnêteté ne se mesure pas non plus à la blancheur du casier judiciaire. C'est un acte d'amour envers soi-même.

Tout ce que nous émettons dans la vie nous sera retourné, tel est le point clé lié à l'honnêteté. La loi de cause à effet opère toujours, à tous les niveaux. Si nous méprisons et jugeons autrui, nous serons jugés à notre tour. Si nous sommes constamment en colère, nous rencontrons la colère où que nous nous tournions. L'amour que nous éprouvons pour nous-mêmes nous met au diapason de l'amour que la vie nous réserve.

Imaginez par exemple que votre appartement vienne d'être cambriolé. Vous considérez-vous immédiatement comme une victime ? « Mon appartement a été mis sens dessus dessous ! Qui a pu me faire une chose pareille ? » C'est une sensation affreuse, en effet. Toutefois, vous arrêtez-vous pour vous demander comment et pourquoi vous avez attiré cette expérience sur vous ?

Une fois de plus, assumer la responsabilité des expériences que nous vivons n'est en général pas une idée facile à accepter. Il est tellement plus tentant d'accuser quelque chose à l'extérieur de nous ; cependant, notre croissance spirituelle ne s'accomplira pas tant que nous ne reconnaîtrons pas que l'extérieur ne compte pas — tout vient de l'intérieur.

Quand j'apprends que quelqu'un vient d'être volé ou qu'il a subi une perte quelconque, ma première question est : « Qui avez-vous volé récemment ? » Si la personne considère la question avec perplexité, je sais que j'ai touché un point sensible. Si l'on se souvient du moment où l'on a pris quelque chose, puis que l'on pense à ce que l'on a perdu peu de temps après, la relation entre les deux expériences peut s'avérer très intéressante.

En nous attribuant quelque chose qui ne nous appartient pas, nous perdons, presque invariablement, quelque chose de plus grande valeur pour nous. On peut s'emparer d'argent ou d'un objet quelconque, et perdre une relation. Si l'on prend la femme ou le mari d'autrui, on perdra peut-être son emploi. Si l'on prend des timbres et des stylos à son bureau, on manquera peut-être un train ou un dîner amoureux. Les pertes nous frappent toujours dans un domaine qui nous touche particulièrement.

Il est regrettable que de nombreuses personnes volent de grosses compagnies, des grands magasins, des restaurants, des hôtels, etc., avec pour justification que ces pertes sont incluses dans les chiffres d'affaires. Ce genre de raisonnement ne marche pas ; la loi de cause à effet continue à fonctionner pour chacun d'entre nous. Si on prend, on perd. Et si on donne, on reçoit. Il ne peut pas en être autrement.

✩✩✩

Si vous subissez de nombreuses pertes dans votre existence ou si les choses vont plutôt mal pour vous, essayez d'examiner la façon dont vous vous y prenez. Certains, qui n'oseraient jamais voler quoi que ce soit, n'hésiteront pas, en toute bonne conscience, à priver autrui de son temps ou de son amour-propre. Chaque fois que nous culpabilisons quelqu'un, nous le privons de l'estime qu'il a de lui-même. Être sincèrement honnête à tous les niveaux exige énormément d'attention et de conscience de soi.

En nous appropriant quelque chose qui ne nous appartient pas, nous informons en fait l'Univers que nous ne nous jugeons pas capables de recevoir ; nous n'en sommes pas dignes ; nous voulons qu'on nous vole ; il n'y en a pas assez pour tous. Dans notre esprit, nous devons être sournois et dérober ce dont nous avons besoin. Ces croyances deviennent des murs solides autour de nous, qui nous empêchent de connaître l'abondance et la joie dans notre existence.

Ces croyances négatives n'expriment pas la vérité de notre être. Nous sommes fantastiques et méritons ce qu'il y a de mieux. L'abondance règne sur cette planète. Notre bien nous est toujours acquis, il va de pair avec la conscience. Le travail de la conscience consiste à ajuster toujours plus nos paroles, nos pensées et nos actes. Quand nous comprenons clairement que nos pensées créent notre réalité, nous utilisons notre réalité comme un mécanisme rétroactif qui nous avertit du prochain changement à accomplir. Être honnête, réellement et totalement honnête, est un choix que nous faisons par amour pour nous-mêmes. L'honnêteté rend le chemin de la vie plus aisé et plus agréable.

Si, dans un magasin, on oublie de vous compter un article et que vous vous en rendez compte, il est de votre devoir spirituel de le signaler. Si vous en êtes conscient, vous devez le signaler. Si vous ne vous en apercevez pas, ou ne vous en apercevez qu'en rentrant chez vous ou quelques jours plus tard, alors c'est différent.

Si la malhonnêteté apporte la disharmonie dans notre vie, imaginez ce que l'amour et l'honnêteté peuvent créer. Le bien, les merveilleuses surprises — cela aussi, nous l'avons créé. Si nous regardons en nous avec honnêteté et amour inconditionnel, nous ferons d'étonnantes découvertes sur notre pouvoir. Ce que nous pouvons apprendre à créer avec notre conscience a bien plus de valeur que toutes les richesses que nous pourrons jamais voler.

Votre foyer est votre sanctuaire

Toute chose est un reflet de ce que vous pensez mériter. Prenez votre domicile. Est-ce un endroit où vous aimez vraiment vivre ? Est-il confortable et gai, ou bien petit, sale et toujours en désordre ? Il en va de même pour votre voiture — vous plaît-elle ? Reflète-t-elle l'amour que vous avez pour vous-même ?

Vos vêtements vous posent-ils des problèmes ? Avez-vous du mal à vous habiller ? Vos vêtements sont le reflet de ce que vous éprouvez pour vous-même. Encore une fois, les pensées que nous nourrissons envers nous-mêmes peuvent être modifiées.

☆☆☆

Si vous voulez vous installer, commencez par vous ouvrir à l'idée de trouver ce qu'il vous faut et formulez l'affirmation que votre nouveau domicile vous attend. À l'époque où je cherchais à m'installer à Los Angeles, j'étais effarée de ne tomber que sur des appartements affreux. Je ne comprenais pas ; j'étais à Los Angeles, et cette ville regorge d'appartements merveilleux. Alors, où se trouvaient-ils ?

Il me fallut six mois pour découvrir ce que je cherchais, et l'appartement était réellement magnifique. L'immeuble était en fait en chantier pendant que je courais les agences et, quand il fut terminé, je me suis rendu compte qu'il n'attendait plus que moi. Si vous cherchez quelque chose et que votre quête reste vaine, il y a certainement une raison.

Si vous souhaitez déménager parce que vous n'aimez pas votre domicile actuel, remerciez-le de vous avoir protégé des intempéries. Si vous éprouvez vraiment des difficultés à l'apprécier, commencez par une partie de la maison que vous aimez — ce peut-être un coin de votre

chambre. Ne dites pas : « Je déteste cette vieille bara-
que », parce qu'alors vous ne trouverez jamais rien à
votre goût.

Aimez votre domicile actuel, ainsi vous serez ouvert
pour recevoir la nouvelle maison de vos rêves. Si votre
appartement est sale et mal rangé, mettez-vous au
ménage. Votre foyer est un reflet de ce que vous êtes.

Des relations aimantes

Je suis une grande admiratrice du docteur Bernie
Siegel, ce cancérologue du Connecticut, qui a écrit
L'Amour, la Médecine et les Miracles. Ce médecin a
énormément appris auprès de ses patients et voici ce
qu'il dit de l'amour inconditionnel :

*« De nombreuses personnes, surtout les cancéreux,
grandissent avec la conviction qu'il existe un terrible défaut au
centre de leur être. Une imperfection qu'ils doivent cacher s'ils
veulent avoir la moindre chance d'être aimés. Ils se sentent
repoussés et indignes d'amour, et imaginent qu'ils seraient
condamnés à la solitude si leur vraie nature venait à être
connue. De tels individus se créent des défenses afin de ne
partager leurs sentiments les plus intimes avec personne. En
raison du vide profond qu'ils éprouvent en eux, ils en arrivent
à considérer toutes relations et échanges comme des moyens de
combler ce vide confusément ressenti. Ils ne donnent leur
amour qu'à la condition d'obtenir quelque chose en retour. Et
ceci conduit à un sentiment de vide plus profond encore qui
perpétue le cercle vicieux. »*

Chaque fois que, lors de mes conférences, je laisse au public l'occasion de poser des questions, je peux être sûre d'entendre celle-ci : « Comment puis-je créer des relations saines et durables ? »

Toutes les relations sont importantes, car elles sont le reflet de ce que vous éprouvez pour vous-même. Si vous vous acharnez contre vous en pensant que tout ce qui va de travers est de votre faute, ou bien que vous êtes toujours une victime, vous allez attirer le type de relation qui renforce ces croyances en vous.

Une femme me dit un jour qu'elle vivait une relation avec un homme très attentionné et aimant, et cependant, elle éprouvait le besoin de mettre son amour à l'épreuve. Je lui en demandai la raison. Elle avoua se sentir indigne de cet amour, car elle ne s'aimait pas suffisamment. Aussi lui ai-je suggéré que, trois fois par jour, debout, les bras ouverts, elle déclare : « Je suis prête à laisser entrer l'amour. Je suis en sécurité en laissant entrer l'amour. » Je lui conseillai ensuite de se regarder dans les yeux et de dire : « Je mérite. Je suis prête à *avoir* même si je ne *mérite* pas. »

Trop souvent, vous refusez votre bien, car vous ne pensez pas pouvoir l'obtenir. Vous souhaitez par exemple vous marier ou connaître une relation durable. La personne avec qui vous sortez possède au moins quatre des qualités que vous recherchez chez un partenaire. Vous vous savez en bonne voie. Pourtant, vous commencez à vouloir un petit peu plus de ceci ou de cela, ou bien vous allez ajouter une nouvelle exigence sur votre liste. Selon que, à votre avis, vous méritez ou non d'être aimé, vous aurez peut-être à connaître une douzaine de partenaires avant de trouver enfin celui ou celle que vous attendiez.

De la même manière, si vous êtes convaincu qu'un Pouvoir supérieur veille à ne mettre dans votre entourage que des gens qui aiment avec sincérité, ou que tous ceux que vous êtes amené à rencontrer apportent le bien dans votre vie, vous attirerez à vous ce genre de relation.

Les relations codépendantes

Les relations personnelles semblent occuper une place prioritaire dans les préoccupations de la plupart d'entre nous. Peut-être êtes-vous toujours en quête d'amour. Courir après l'amour ne vous apporte pas le bon partenaire, car les raisons de souhaiter cet amour sont obscures. On se dit : « Oh, si seulement j'avais quelqu'un qui m'aime, tout irait pour le mieux. » Cela ne se passe pas ainsi.

Un exercice que je vous conseille consiste à écrire les qualités que vous espérez dans une relation, telles que l'humour, l'intimité, une communication ouverte et positive, etc. Étudiez votre liste. Ces critères sont-ils excessifs ? Auxquels répondez-vous vous-même ?

Il y a une grande différence entre *avoir besoin d'amour* et être *en manque d'amour*. Quand vous êtes en manque d'amour, cela signifie simplement que la personne la plus importante que vous connaissez — vous-même — ne comble pas votre besoin d'amour et d'approbation.

Vous vous retrouvez dans des relations codépendantes et insatisfaisantes pour vous comme pour votre partenaire.

Si nous avons besoin de quelqu'un d'autre pour éprouver une sensation de plénitude, nous sommes codépendants. Quand nous comptons sur quelqu'un d'autre pour nous prendre en charge afin de ne pas avoir à le faire nous-mêmes, nous devenons codépendants. Nombre d'entre nous, venant de familles perturbées, ont appris la codépendance en grandissant. J'ai cru pendant des années que je n'étais pas assez bien, et je cherchais l'amour et l'approbation partout où j'allais.

Si vous dictez constamment sa conduite à votre partenaire, vous essayez sans doute de manipuler la relation. Au contraire, si vous travaillez pour modifier vos schémas, vous permettez aux événements de suivre leur cours.

Prenez un moment pour vous placer devant un miroir, debout, et songez à quelques-unes de vos croyances négatives de l'enfance qui ont affecté vos relations. Pouvez-vous voir de quelle manière vous persistez à recréer ces mêmes croyances ? Pensez maintenant à des croyances positives de l'enfance. Ont-elles le même impact pour vous que les négatives ?

Dites-vous que les croyances négatives ne vous sont plus d'aucune utilité et remplacez-les par des affirmations neuves et positives. Vous aurez peut-être envie d'écrire ces nouvelles croyances et de les placer bien en vue. De nouveau, soyez patient. Croyez à ces nouvelles affirmations avec la même obstination que vous avez cru aux anciennes. Bien souvent, j'ai renoué avec mes anciens schémas avant que les nouveaux ne se soient vraiment enracinés dans mon esprit.

Rappelez-vous que, en devenant capable de contribuer à la satisfaction de vos propres besoins, vous ne serez plus aussi *en manque,* aussi codépendant. Tout commence avec le degré d'amour que vous éprouvez pour vous-même. Quand vous vous aimez vraiment, vous restez centré, calme, rassuré, et vos relations, chez vous comme au travail, sont très satisfaisantes. Votre attitude face aux événements et aux gens n'est plus la même. Des choses qui vous semblaient essentielles à une époque ne revêtent plus la même importance. De nouvelles personnes entrent dans votre vie, et peut-être d'autres disparaissent-elles, ce qui est éventuellement un peu angoissant au début, mais aussi fantastique, rafraîchissant et exaltant.

Une fois que vous savez ce que vous attendez d'une relation, sortez et voyez du monde. Personne ne va brusquement se matérialiser sur le pas de votre porte. Une excellente façon de rencontrer des gens est de fréquenter un groupe de soutien ou de suivre des cours du soir. Cela vous permet de vous lier à des personnes partageant vos idées ou qui ont les mêmes centres d'intérêt. Vous serez surpris de la rapidité avec laquelle vous pouvez faire de nouvelles rencontres. Il existe beaucoup de groupes et de cours dans les villes du monde entier. Cherchez-les. Associez-vous de préférence avec des gens qui suivent un chemin semblable au vôtre. Je vous conseille l'affirmation suivante : « *Je suis ouvert et réceptif aux expériences favorables et merveilleuses qui entrent dans ma vie.* » C'est mieux que de dire : « Je cherche un nouvel amant. » Soyez ouvert et réceptif, et l'Univers répondra pour votre plus grand bien. Vous vous rendrez compte que plus vous vous aimerez, plus vous vous estimerez, et les changements deviennent faciles à accomplir quand vous savez qu'ils vous sont bénéfiques. L'amour n'est jamais à l'extérieur — il est toujours en soi. Plus vous aimerez, plus on vous aimera.

Croyances à propos de l'argent

Redouter les difficultés financières vient du programme de notre petite enfance. Une femme, lors de l'un de mes séminaires, a raconté que son père, très riche, avait toujours vécu dans l'angoisse d'être démuni et avait emporté dans la tombe la peur de perdre son argent. Cette femme a grandi avec l'appréhension qu'on ne puisse subvenir à ses besoins. Son aisance financière avait une contrepartie : le fait que son père manipulait sa famille en la culpabilisant. De sa vie, elle n'a jamais manqué de rien et la leçon qu'elle devait apprendre était de s'affranchir de cette peur de ne pouvoir s'assumer et de comprendre que, même sans cet argent, elle en était capable.

Nos parents ont pour la plupart connu les années de guerre ou de récession économique et nombreux sont ceux qui, parmi nous, ont hérité pendant l'enfance de croyances telles que : « On n'aura peut-être plus rien à manger », « On ne trouvera peut-être plus de travail », ou bien : « Qui sait si on ne va pas perdre notre maison, notre voiture », etc.

Très peu d'enfants répondent : « C'est absurde. » Ils acceptent : « Oui, c'est vrai. »

☆☆☆

Établissez une liste des croyances de vos parents par rapport à l'argent. Demandez-vous si vous êtes toujours disposé à prêter foi à ces croyances. Vous devrez dépasser les limitations et les peurs de vos parents, car votre vie n'est plus la même aujourd'hui. Arrêtez de reprendre ces croyances à votre compte. Commencez à transformer ces images dans votre esprit. Si l'occasion se présente, évitez de répéter les situations de manque que vous avez déjà vécues. Proclamez votre nouveau message dès aujourd'hui. Vous pouvez vous mettre dès maintenant à affirmer qu'il est très bien de posséder argent et richesse et que vous saurez les utiliser avec sagesse.

Il est aussi normal et naturel d'avoir plus d'argent à certains moments qu'à d'autres. Si nous pouvons faire confiance à notre Pouvoir et savoir qu'il s'occupera toujours de nous quoi qu'il arrive, nous traverserons aisément les périodes de vaches maigres, sachant qu'elles ne dureront pas.

L'aisance matérielle n'est pas la réponse, bien que nous soyons nombreux à penser que l'argent fait le bonheur, qu'il dissout magiquement problèmes et soucis. Non, l'argent n'est vraiment pas la réponse. Certains possèdent beaucoup plus d'argent qu'ils n'en auront jamais besoin et ne sont pas plus heureux pour autant.

Soyez reconnaissant de ce que vous avez

Un homme que j'ai connu m'avoua un jour se sentir coupable de ne pouvoir retourner à ses amis la gentillesse et les cadeaux qu'ils lui avaient offerts quand il n'allait pas très bien. Je lui répondis qu'il y a des moments où l'Univers nous donne, sous quelque forme que ce soit, et nous ne pouvons pas toujours rendre.

Quelle que soit la forme que l'Univers a choisi pour répondre à vos besoins, soyez reconnaissant. Viendra le temps où vous aiderez quelqu'un d'autre. Vous ne lui offrirez peut-être pas une aide financière, mais votre temps ou votre compassion. Parfois, nous ne nous rendons même pas compte que ces présents peuvent être plus précieux que l'argent.

Je me souviens de tous ces gens qui, lorsque j'étais encore très jeune, m'ont énormément aidée alors que je n'avais à l'époque aucun moyen de les rembourser. Des années plus tard, j'ai choisi à mon tour d'aider les autres. Trop souvent, nous avons l'impression que nous devons échanger la prospérité. Si quelqu'un nous invite à déjeuner, immédiatement nous lui retournons l'invitation ; quelqu'un nous offre un cadeau, et aussitôt nous courons lui en acheter un.

Apprenez à recevoir avec gratitude. Apprenez à accepter, car l'Univers perçoit que notre disposition à recevoir ne se borne pas à un échange. La plupart de nos problèmes proviennent de notre incapacité à recevoir. Nous pouvons donner, mais il est très difficile de recevoir.

Quand on vous offre un cadeau, souriez et remerciez. Si vous dites à la personne : « Oh, ce n'est pas la bonne taille » ou « J'aurais préféré une autre couleur », je vous garantis qu'elle ne vous offrira plus jamais rien. Acceptez avec grâce et, si vraiment le cadeau ne vous convient pas, offrez-le à quelqu'un d'autre qui pourra l'apprécier.

Nous devons être reconnaissant de ce que nous possédons, afin d'attirer davantage à nous. De nouveau, si nous nous focalisons sur le manque, nous l'attirerons. Si nous avons des dettes, nous devons nous pardonner et non nous en faire grief. Concentrons-nous sur le paiement de la dette en formulant des affirmations et des visualisations.

Le mieux que nous puissions faire pour ceux qui se heurtent à des problèmes pécuniaires est de leur enseigner comment créer des moyens financiers en toute conscience, car cela leur reste, ce qui n'est pas le cas si vous vous contentez de leur donner de l'argent. Je ne vous dis pas de garder votre argent, mais ne le donnez pas uniquement pour vous déculpabiliser. Les gens semblent dire : « Il faut que j'aide les autres. » Mais vous êtes *quelqu'un* vous aussi et vous méritez la prospérité. Votre conscience est votre banque la plus fiable. Quand vous y versez de bonnes pensées, vous touchez d'importants dividendes.

Payer la dîme est un principe universel

Une des façons d'attirer l'argent dans votre vie est de participer. Offrir une dîme de dix pour cent de ses revenus est depuis longtemps un principe établi. J'aime y penser en terme de *remboursement à la Vie*. En respectant ce principe, il semble qu'on s'enrichit. Les églises ont toujours voulu que vous versiez votre dîme. C'est l'un de leurs revenus majeurs. Depuis quelques années, cette dîme se verse là où vous puisez votre nourriture spirituelle. Qui ou qu'est-ce qui vous a nourri lors de votre quête d'une vie meilleure ? C'est là qu'il faudrait apporter votre obole. Si payer la dîme à une église ou à une personne ne vous tente pas, il existe de nombreuses associations à but non lucratif qui pourraient utiliser votre don en le distribuant à ceux qui en ont besoin. Menez votre enquête et trouvez celle qui vous correspond.

Les gens disent souvent : « Je ferai des dons quand j'aurai plus d'argent. » Évidemment, au moment venu, ils n'en font rien. Si vous voulez contribuer, commencez dès maintenant et voyez les bienfaits affluer dans votre vie. Cependant, si vous participez dans l'unique intention d'en *retirer des profits,* c'est que vous n'avez rien compris. Cette participation doit être librement consentie, sinon elle manque son but. J'ai le sentiment que la vie a été clémente envers moi et suis heureuse de lui rendre ses dons de différentes façons.

L'abondance de ce monde vous attend. Si vous compreniez qu'il y a plus d'argent que vous ne pourrez jamais en dépenser, ou plus de monde que vous ne pourrez jamais en rencontrer, et plus de joie que vous ne pouvez imaginer, vous auriez tout ce dont vous avez besoin et que vous désirez.

Si vous demandez votre bien le plus élevé, alors faites confiance au Pouvoir en vous pour vous le procurer. Soyez honnête avec vous-même et les autres. Ne trichez pas, même un petit peu, vous en essuieriez les revers.

L'Intelligence infinie qui pénètre tout vous dit « Oui ! » Quand quelque chose survient dans votre vie, ne le repoussez pas ; dites-lui « Oui ! » Ouvrez-vous, apprenez à recevoir le bien. Dites « Oui ! » à votre monde. Chance et prospérité seront portées au centuple.

Chapitre 12

Exprimer votre créativité

Quand votre vision intérieure s'ouvre, votre horizon s'élargit.

Notre travail est une expression divine

Quand on m'interroge sur le but de ma vie, je réponds que mon travail est mon but. Il est très triste de penser que la plupart des gens détestent leur travail et, même pire, qu'ils ignorent ce qu'ils souhaitent faire. Trouver le but de votre vie, trouver le travail que vous aimez faire, c'est aimer qui vous êtes.

Votre travail est l'expression de votre créativité. Vous devez dépasser le sentiment de ne pas être assez bien ou trop ignorant. Permettez à l'énergie créative de l'Univers de s'exprimer à travers vous en utilisant des voies qui vous apportent un réel plaisir. Peu importe ce que vous faites, du moment que votre être y prend plaisir et que vous vous sentez comblé. Si vous détestez votre lieu de travail ou ce que vous faites, cette même aversion persistera tant que vous n'aurez pas changé à l'intérieur de vous. Et si vous trouvez un nouvel emploi avec ces mêmes opinions sur le travail, vous ne serez pas long à le trouver aussi insupportable que le précédent.

Le problème tient pour une part au fait que la majorité des gens demandent ce qu'ils souhaitent d'une façon négative. Une femme éprouvait de grosses difficultés à exprimer ce qu'elle désirait d'une manière positive. Elle répétait toujours : « Je ne veux pas que ceci fasse partie de mon travail », ou bien : « Je ne veux pas que cela se passe ainsi », ou encore : « Je ne veux pas subir l'énergie négative qui règne ici. » Comme vous le voyez, elle ne déterminait pas avec précision ce qu'elle voulait. Nous devons être clair quant à nos préférences !

Il est parfois malaisé de demander ce que l'on veut. Il est tellement facile de dire ce que l'on ne veut pas. Commencez par préciser ce que vous attendez de votre travail. « Mon travail est profondément enrichissant. J'aide les autres. Je suis capable de ressentir leurs besoins. Je travaille avec des gens qui m'aiment. À tout instant, je me sens bien, en sécurité. » Ou peut-être :

« Mon travail me permet d'exprimer librement ma créativité. Je gagne beaucoup d'argent à faire des choses que j'aime. » Ou bien encore : *« Je suis toujours heureux au travail. Ma carrière est un univers de joie, de rires et d'abondance. »*

Formulez toujours vos affirmations au présent. Ce que vous affirmez, vous l'obtenez ! Si ce n'est pas le cas, c'est alors l'indice que des croyances en vous refusent d'accepter votre bien. Établissez une liste : *Mes croyances sur le travail.* Vous serez peut-être surpris des croyances négatives que vous portez en vous. Vous ne prospérerez pas tant que vous ne les aurez pas modifiées.

Quand vous détestez votre emploi, vous interdisez à votre Pouvoir de s'exprimer. Pensez aux qualités que vous attendez d'un travail — que serait votre emploi idéal ? Il est essentiel que vous soyez clair quant à ce que vous voulez faire. Votre Conscience supérieure trouvera un emploi qui vous convient. Si vous l'ignorez, soyez désireux de le savoir. Ouvrez-vous à la sagesse en vous.

☆☆☆

J'ai appris très tôt grâce à la Science of Mind que ma fonction était d'exprimer la Vie. Chaque fois que je me trouvais confrontée à un problème, je savais que c'était une occasion pour moi de grandir et que le Pouvoir qui m'avait créée m'avait donné tout ce dont j'avais besoin pour surmonter cette difficulté. Après un accès de panique, je calmais mon esprit et rentrais en moi. Je remerciais d'avoir reçu cette occasion qui montrait le Pouvoir de l'Intelligence divine à l'œuvre en moi.

À l'un de mes séminaires, une femme déclara vouloir être actrice. Ses parents l'avaient convaincue d'embrasser une carrière d'avocate et elle subissait de nombreuses pressions autour d'elle pour faire son droit. Elle abandonna toutefois ses études au bout d'un mois et décida de s'inscrire à un cours d'art dramatique, car c'était, depuis très longtemps, son vœu le plus cher.

Peu après, elle commença à voir en rêve que cette voie ne la menait nulle part et elle sombra dans la tristesse et la dépression. Elle ne parvenait pas à s'affranchir de ses doutes, craignait de commettre la plus grosse erreur de sa vie, et redoutait surtout de ne plus jamais pouvoir revenir sur sa décision.

Je lui demandai : « Qui parle, là ? » Elle répondit que c'était les mots que son père avait employés à plusieurs reprises.

Nombreux sont ceux qui peuvent se référer à l'histoire de cette jeune femme. Elle désirait être actrice et ses parents souhaitaient en faire une avocate. Elle en arriva au point où elle ne savait plus ce qu'elle voulait. Elle avait besoin de comprendre que c'était, pour son père, une manière de dire : « Je t'aime. » Il avait besoin de se rassurer en la sachant dans une carrière bien assise et sécurisante. C'était ce qu'il souhaitait. Cependant, ce n'était pas ce *qu'elle* souhaitait.

Elle devait faire ce qui lui convenait au risque de contrarier les espérances de son père. Je lui conseillai de s'asseoir devant le miroir, de se regarder dans les yeux et de dire : « Je t'aime et je te soutiens dans ton choix. Je te soutiendrai de toutes les façons possibles. »

Je lui dis encore de prendre le temps d'écouter. Elle avait besoin de se relier à sa sagesse intérieure et de se rendre compte qu'elle ne devait rien à personne d'autre qu'à elle-même. Elle pouvait aimer son père et malgré tout faire ce qui lui plaisait. Elle avait le droit de penser qu'elle le méritait et en était capable. Et elle pouvait dire à son père : « Je t'aime et je ne veux pas être avocate — je veux être actrice », ou quoi que ce soit d'autre. C'est l'un des défis que nous devons relever : faire ce que nous désirons réellement même quand ceux qui nous aiment nourrissent d'autres projets. Nous ne sommes pas ici pour combler les espérances d'autrui.

Quand l'idée que nous ne sommes pas méritants est profondément ancrée en nous, nous avons des problèmes pour faire ce qui nous plaît. Si votre entourage vous dit que ce n'est pas possible et que vous abondez dans ce sens, alors l'enfant en vous est persuadé qu'il ne mérite rien de bien. De nouveau, tout revient à apprendre à s'aimer et à pratiquer des exercices pour s'aimer un peu plus chaque jour.

Je le répète, commencez par écrire toutes vos opinions quant au travail, à l'échec et au succès. Regardez les idées négatives et prenez conscience que ce sont ces croyances qui vous empêchent de prospérer dans ce domaine. Vous découvrirez peut-être que vous nourrissez beaucoup de croyances disant que vous méritez d'échouer. Prenez chaque opinion négative et transformez-la en une opinion positive. Commencez à créer dans votre esprit ce que serait pour vous un travail épanouissant.

Votre revenu peut provenir d'une multitude de sources

Combien d'entre nous pensent qu'il faut se tuer au travail pour gagner un salaire décent ? Il existe, surtout aux États-Unis, une éthique professionnelle impliquant qu'on doit être un bourreau de travail pour gagner le respect et, en outre, que le travail est une corvée.

Je me suis rendu compte que si vous accomplissez un travail que vous aimez, vous pouvez en retirer un bon revenu. Si vous vous répétez : « Je hais ce travail », vous n'irez nulle part. Quoi que vous fassiez, mettez-y de l'amour et une attitude positive. Si vous vous trouvez dans une situation inconfortable, cherchez la meilleure leçon que vous puissiez en tirer.

Une jeune femme me raconta que son système de croyance permettait à l'argent de lui parvenir par des voies tout à fait inattendues. Ses amis, conscients qu'elle ne fournissait que peu d'efforts, critiquaient sa faculté d'attirer la richesse par son originalité et insistaient pour qu'elle gagne un salaire en travaillant dur. Aussi commença-t-elle à craindre sérieusement que, puisqu'elle ne s'échinait pas à la tâche, elle ne méritait pas son aisance financière.

Sa conscience suivait au départ la bonne voie. Cette jeune femme aurait dû se remercier au lieu de s'affoler. Elle comprenait comment manifester l'abondance, et sa vie, dans ce domaine, ignorait les obstacles. Cependant, ses amis cherchaient à l'empêcher de continuer ainsi, car tous se surmenaient sans posséder autant d'argent qu'elle.

Très souvent, je tends la main vers les autres ; s'ils la saisissent et souhaitent partir à la découverte de nouveaux horizons, c'est merveilleux. S'ils essaient de me tirer vers le bas, alors je les quitte, et je travaille avec ceux qui désirent réellement se sortir d'affaire. Si votre existence est remplie d'amour et de joie, n'écoutez pas les conseils de quelque pauvre être malheureux et seul qui s'érige en maître. Si votre vie est riche et abondante, n'écoutez pas les suggestions d'un « ami » pauvre et croulant sous les dettes. Très souvent, nos parents sont les premiers à vouloir nous imposer des directives. Ils viennent d'un espace de lourdeur, de misère et de difficulté, et ils voudraient contrôler notre vie !

☆☆☆

Beaucoup se soucient de l'actualité et s'imaginent que, soit ils gagneront, soit ils perdront de l'argent en raison de la situation économique du moment. L'économie connaît d'incessantes fluctuations, aussi les événements du monde, ou les actions d'autrui pour modifier le cours des choses n'ont-ils aucune importance. La conjoncture économique ne nous entrave en rien. Quoi qu'il se passe dans le monde, seule compte l'opinion que vous avez de vous-même. Si vous redoutez de vous retrouver à la rue, demandez-vous : « Où, en moi, est-ce que je ne me sens pas chez moi ? Où est-ce que je me sens abandonné ? De quoi ai-je besoin pour établir la paix en moi ? » Toute expérience extérieure est le miroir de nos croyances intérieures.

J'ai toujours formulé l'affirmation : « *Mes revenus augmentent sans cesse.* » J'aime aussi l'affirmation : « *Je gagne plus que mes parents.* » Vous avez le droit de gagner plus que vos parents. C'est presque une nécessité étant donné l'augmentation du coût de la vie. Les femmes, en particulier, sont mal à l'aise si elles gagnent plus que leur père. Elles doivent dépasser leur sentiment de ne pas le mériter et accepter l'abondance financière qui est leur droit divin.

Votre profession n'est qu'un des multiples canaux d'une source infinie d'argent. L'argent n'est pas le but de votre travail. Il peut vous parvenir d'une multitude de façons. Peu importe d'où il provient, acceptez-le avec joie comme un cadeau de l'Univers.

Une jeune femme se plaignait que ses beaux-parents offraient à son bébé toutes sortes de jolies choses alors qu'elle n'avait pas les moyens d'acheter quoi que ce soit. Je lui fis comprendre que l'Univers souhaitait que son enfant jouisse d'une abondance de biens et qu'Il utilisait ses beaux-parents comme canal pour les lui offrir. Elle pouvait donc être reconnaissante et apprécier la façon dont l'Univers s'occupait de son enfant.

Les relations professionnelles

Nos relations professionnelles sont similaires à nos relations familiales. Elles peuvent être saines ou bien perturbées.

Une femme me demanda un jour : « Comment se fait-il que moi, qui suis généralement positive, j'aie toujours affaire dans mon travail à des gens négatifs ? »

Avant tout, je trouvai intéressant qu'elle travaille dans un environnement négatif alors qu'elle se prétendait positive. Je me demandai pourquoi elle attirait la négativité à elle ; peut-être existait-il en elle une négativité qu'elle ne voulait pas reconnaître.

Je lui suggérai de commencer à affirmer pour elle-même qu'elle travaillait toujours dans un espace de paix et de joie, où les gens s'appréciaient mutuellement et aimaient la vie, où tout le monde se respectait. Au lieu de reprocher aux autres de ne jamais faire ce qu'il fallait, elle pouvait formuler l'affirmation selon laquelle elle travaillait toujours dans l'endroit idéal.

En faisant sienne cette philosophie, elle pourrait soit aider les autres à exprimer le meilleur de leurs qualités, car ils répondraient différemment à sa transformation intérieure, soit se trouver un autre lieu de travail où les conditions se révéleraient telles qu'elle l'affirmait.

☆☆☆

Un homme me raconta avoir fait montre au début d'un flair incroyable dans le poste qu'il occupait. Tout se passait merveilleusement bien ; il était précis, direct et totalement satisfait. Soudain, il se mit à commettre quotidiennement des erreurs. Je l'interrogeai : de quoi avait-il peur ? Une vieille crainte de l'enfance refaisait-elle surface ? En voulait-il à l'un de ses collègues ? Cette personne lui rappelait-elle l'un de ses parents ? Cette situation s'était-elle déjà produite dans d'autres emplois ? Il me semblait que cet homme troublait l'harmonie à son travail en raison d'un ancien schéma de croyance. Il reconnut en effet qu'il réagissait à un vieux schéma familial selon lequel il était ridiculisé chaque fois qu'il commettait une erreur. Je lui conseillai de pardonner à sa famille et d'affirmer qu'il avait désormais des relations merveilleuses au travail où les gens le respectaient totalement et appréciaient tout ce qu'il accomplissait.

Quand vous pensez à vos collègues, ne vous dites pas : « Ils sont tellement négatifs... » Tout le monde a toutes les qualités en soi, aussi répondez plutôt à leurs qualités et respectez leur paix. Quand vous pourrez vous concentrer sur ces qualités, elles apparaîtront. Si les autres dénigrent tout systématiquement, n'y prêtez pas attention. Vous devez changer *votre* conscience. Étant donné qu'ils sont le reflet d'une facette négative en vous, quand votre conscience changera réellement, les gens négatifs disparaîtront peu à peu de votre entourage. Même si vous vous sentez frustré, commencez à affirmer ce que vous attendez de votre espace de travail. Puis acceptez-le avec joie et reconnaissance.

Une femme avait la possibilité, dans sa profession, de faire ce qu'elle aimait et de grandir grâce à cette expérience. Cependant, elle tombait constamment malade et opérait sur elle un véritable sabotage. Elle se rappela que, dans son enfance, elle tombait malade pour obtenir de l'amour et de l'affection. Aussi perpétuait-elle ce schéma de maladie en tant qu'adulte.

Elle avait besoin d'apprendre à attirer l'amour et l'affection d'une manière plus positive. Au moindre problème professionnel, elle redevenait la petite fille de cinq ans. Aussi apprit-elle également, en commençant à s'occuper de son enfant intérieur, à se sentir en sécurité et à accepter son propre pouvoir.

La compétition et la comparaison sont deux écueils majeurs pour votre créativité. Votre caractère unique vous distingue de toutes les autres personnes. Il n'y en a jamais eu une seule comme vous depuis l'origine des temps, alors à quoi voulez-vous vous comparer, à qui voulez-vous vous mesurer ? La comparaison vous rend soit supérieur, soit inférieur, deux attitudes qui sont des expressions de votre ego, de votre mental limité. Si vous vous comparez pour avoir l'impression de vous sentir un peu meilleur, alors vous êtes en train de dire que quelqu'un n'est pas assez bien. En enfonçant les autres, vous avez peut-être le sentiment de vous grandir. En réalité, vous prêtez le flanc à la critique. Nous agissons tous ainsi à un moment ou un autre et il est souhaitable de transcender cette attitude. Connaître l'illumination signifie rentrer en soi et faire rayonner la lumière afin de dissoudre toute ombre qui s'y trouve.

Je tiens à dire, une fois encore, que tout change, et ce qui était parfait pour vous à un moment donné ne l'est peut-être plus aujourd'hui. Si vous voulez continuer à changer et grandir, continuez à rentrer en vous et à être à l'écoute de ce qui est bon pour vous dans l'ici et maintenant.

Traitons différemment nos affaires

Depuis quelques années, j'ai ma propre maison d'édition. Ma devise a toujours été d'ouvrir le courrier, de répondre au téléphone et de traiter les affaires courantes, aussi n'avons-nous pas le temps de rêvasser.

Au fil des jours et des années, la maison est passée de quelques personnes à plus d'une vingtaine d'employés.

Nous avons établi notre affaire sur des principes spirituels et usons d'affirmations en début et fin de réunion. Nous avons conscience que de nombreuses compagnies fonctionnent sur la concurrence, voire le dénigrement d'autrui, et nous ne tenions pas à copier cette attitude, sachant que nous subirions l'inévitable retour de flamme.

Nous avons décidé que, si nous voulions vivre selon cette philosophie, nous n'allions pas opérer sous les vieilles lois qui régissent le monde des affaires. Si un problème venait à surgir, nous prendrions le temps d'affirmer ce que nous voulions changer.

Nous possédions aussi une salle insonorisée où les employés pouvaient se décharger de leur colère sans être ni entendus ni jugés. C'était également un endroit où ils pouvaient méditer ou se détendre, et un grand choix de cassettes était à leur disposition. Cette salle représentait un havre de paix en période difficile.

Je me souviens d'une époque où nous nous heurtions à de nombreux problèmes avec notre système informatique et il se produisait une panne par jour. Étant donné ma conviction que les machines sont le reflet de notre conscience, je me rendis compte que la plupart d'entre nous envoyaient de l'énergie négative aux ordinateurs et que nous nous *attendions* à des défaillances. J'ai fait alors programmer une affirmation dans les ordinateurs : « Bonjour, comment allez-vous aujourd'hui ? Je marche à la perfection et je suis aimé. Je vous aime. » Le matin, quand chacun allumait son ordinateur, le message apparaissait. Et les problèmes cessèrent.

Parfois, nous considérons certaines situations, surtout dans le cadre du travail, comme des « désastres ». Mais nous devons les envisager pour ce qu'elles sont — tout simplement des expériences de la vie qui, toujours, nous enseignent quelque chose. Je sais que je n'ai jamais connu de « désastre » qui ne se révèle pas être une bonne leçon au bout du compte ; bien souvent, cette situation m'a en outre aidée à m'élever un peu plus dans la vie.

Récemment, par exemple, ma compagnie, Hay House, a traversé une période difficile. À l'instar de la situation économique, nos ventes connurent des fluctuations et chutèrent de manière importante. Chaque mois, les dépenses excédaient les recettes. Tous ceux qui ont une affaire savent qu'une telle situation est insoutenable. Finalement, nous arrivâmes à un point où je me vis contrainte de prendre des mesures énergiques si je ne voulais pas être obligée de mettre la clé sous la porte.

Ces mesures impliquaient de licencier la moitié de mon personnel. Vous pouvez imaginer quel cas de conscience cela me posait. Je me revois entrer dans la salle de conférences, où tout le personnel s'était réuni, afin d'annoncer la nouvelle. J'étais en larmes, mais je n'avais pas d'autre solution. Bien que ce fût très difficile pour nous tous, j'avais la conviction que ces employés que j'aimais trouveraient très vite de meilleurs emplois. Et cela a été le cas pour la grande majorité d'entre eux ! Certains se sont même installés à leur propre compte et leur entreprise est désormais en plein essor. Dans les moments les plus noirs, je demeurais persuadée et persistais à affirmer que de cette expérience résulterait le plus grand bien pour toutes les personnes concernées.

Naturellement, tout le monde imaginait le pire. On colportait le bruit que Hay House était au plus bas. Pas seulement parmi les gens que je connaissais, mais dans le pays tout entier ! Nos employés furent surpris qu'autant de monde connaisse non seulement le nom de notre société, mais aussi sa situation financière ! Je dois admettre que nous eûmes grand plaisir à détromper tous ces oiseaux de mauvais augure. En nous imposant d'énormes restrictions, avec notre personnel réduit, et chacun étant déterminé à réussir, nous sommes sortis victorieux de la situation, mais l'essentiel reste que nous avons beaucoup appris.

En attendant, Hay House a plus que jamais le vent en poupe. Mon personnel aime son travail et j'aime mon personnel. Bien que nous devions tous mettre les bouchées doubles, il est intéressant de remarquer que personne n'a l'impression d'être submergé de travail. Nous sortons même plus de livres que nous ne l'avons jamais fait et attirons davantage la prospérité dans tous les secteurs de notre existence.

J'ai l'intime conviction que toute situation est bénéfique au bout du compte, mais il est parfois difficile d'en avoir conscience quand on se trouve au cœur du problème. Songez à une expérience négative qui a pu survenir dans votre travail ou votre passé en général. Peut-être avez-vous été renvoyé, ou bien abandonné par votre conjoint. Maintenant, dépassez cette expérience et observez-la avec du recul. La chance ne s'est-elle pas mise à vous sourire à la suite de cet événement malheureux ? J'ai entendu très souvent : « Oui, ce qui m'est arrivé a vraiment été horrible, mais si je n'avais pas eu ce malheur, je n'aurais jamais connu untel... ou démarré ma propre entreprise... ou reconnu que j'étais intoxiqué... ou appris à m'aimer. »

En laissant avec foi l'Intelligence divine nous soumettre aux expériences qui nous sont bénéfiques, nous nous donnons la possibilité d'apprécier tout ce que la vie a à nous offrir ; le bon comme le mauvais — du moins ce que l'on nomme ainsi. Essayez d'adopter cette attitude face à vos expériences professionnelles et remarquez les changements qui en résultent pour vous.

☆☆☆

Ceux qui dirigent ou gèrent une entreprise peuvent commencer à fonctionner comme des expressions de l'Intelligence divine. Il est important de maintenir la communication ouverte avec les employés et de leur permettre de s'exprimer sur leur travail. Assurez-vous que les bureaux soient propres et agréables. Là aussi, le désordre reflète la conscience de ceux qui y travaillent. Dans le désordre matériel, comment envisager d'accomplir les tâches intellectuelles correctement et en temps voulu ? Vous pourriez adopter une devise résumant la philosophie souhaitée pour votre entreprise. À Hay House, notre objectif est le suivant : *Créer un monde où nous pouvons tous nous aimer en toute sécurité*. Quand vous permettez à l'Intelligence divine d'opérer dans tous les secteurs de l'affaire, alors tout s'écoule selon un but et un plan divins. Les possibilités les plus fantastiques vous tomberont du ciel.

Je constate que de nombreuses sociétés amorcent un changement. Viendra le temps où les affaires ne pourront plus fonctionner selon le vieux schéma de compétition et de conflit. Un jour, nous saurons que l'abondance est pour tout le monde et que chacun apporte sa bénédiction et la prospérité aux autres. Les sociétés vont réviser leurs priorités, transformer leurs locaux en un endroit formidable où leur personnel pourra s'exprimer, et faire en sorte que leurs produits et services profitent à la planète en général.

Les gens souhaitent que leur travail leur rapporte plus qu'un simple chèque de paie. Ils veulent contribuer à la bonne marche du monde et se sentir épanouis. À l'avenir, la faculté de faire le bien à un niveau global prendra le pas sur les besoins matérialistes.

Chapitre 13

La totalité des possibilités

Chacun d'entre nous est totalement lié à l'Univers et à toutes les manifestations de vie. Le Pouvoir est en nous pour élargir les horizons de notre conscience.

Je veux à présent que vous alliez plus loin encore. Si vous êtes sur la voie et travaillez déjà sur vous-même depuis quelque temps, cela signifie-t-il que vous n'ayez rien d'autre à faire ?

Comptez-vous vraiment vous reposer sur vos lauriers ? Ou bien avez-vous conscience que ce travail intérieur est l'affaire de toute une vie et que, une fois lancé, vous ne pourrez plus vous arrêter ?

Vous pourrez peut-être atteindre des paliers et prendre un peu de vacances, mais vous êtes fondamentalement engagé dans un travail qui vous accompagnera toute votre vie. Vous devrez peut-être vous demander dans quels domaines il vous faut encore travailler et ce dont vous avez besoin. Êtes-vous en bonne santé ? Êtes-vous heureux ? Êtes-vous prospère ? Êtes-vous comblé dans votre créativité ? Vous sentez-vous en sécurité ? À l'abri de tout danger ?

Ces limitations qui nous viennent du passé

J'aime beaucoup employer cette expression : *la totalité des possibilités.* Je l'ai apprise d'un de mes professeurs à New York, Eric Pace. Elle a toujours été pour moi une sorte de tremplin pour projeter mon esprit au-delà de ce que je pensais possible ; bien au-delà des croyances limitées avec lesquelles j'avais grandi.

Enfant, je ne comprenais pas que les remarques acerbes négligemment lâchées par les adultes résultaient tout simplement d'une mauvaise journée ou d'une contrariété sans gravité, et n'étaient en réalité pas fondées. J'acceptais sans discernement ces pensées et croyances me concernant, qui firent ensuite partie de mes limitations. Je n'avais peut-être pas l'air maladroite, idiote ou ridicule, mais c'était pourtant ce que j'éprouvais.

Pour la plupart, nous avons créé notre système de croyance quant à la vie aux environs de cinq ans. Nous le complétons un peu pendant l'adolescence, et peut-être encore un peu plus tard, mais à peine. Si chacun d'entre nous devait aller chercher l'origine d'une opinion sur un sujet donné, il découvrirait qu'il a arrêté une certaine décision sur ce sujet vers ce très jeune âge.

Ainsi vivons-nous dans les limitations de la conscience de nos cinq ans. Nous avons hérité des croyances de nos parents et vivons toujours selon les limitations de la conscience parentale. Même les plus merveilleux parents du monde ne connaissaient pas tout et subissaient leurs propres limitations. Nous disons ce qu'ils disaient et faisons ce qu'ils faisaient : « Tu ne peux pas faire cela » ou « Cela ne marchera pas. » Pourtant, nous n'avons pas besoin de limitations, aussi importantes puissent-elles sembler.

Certaines de nos croyances peuvent être positives et utiles. Ces pensées nous ont servi toute notre vie : « Regarde à droite et à gauche avant de traverser la rue » ou « Les fruits frais et les légumes sont bons pour ton organisme. » D'autres idées, salutaires à un jeune âge, deviennent obsolètes à mesure que nous grandissons. « Ne fais jamais confiance à un inconnu », par exemple, est peut-être un bon conseil pour un enfant. Mais un adulte perpétuant cette opinion serait condamné à la solitude. Ce qui est fantastique avec tout cela, c'est qu'il est toujours possible de s'adapter.

À partir du moment où nous décidons : « Je ne peux pas », « Cela ne marchera pas », « Je n'ai pas assez d'argent » ou « Qu'en penseront les voisins ? » nous sommes limités. Cette dernière expression est un obstacle très significatif. « Qu'en penseront mes voisins, mes amis, mes collègues, etc.? » C'est une bonne excuse — ainsi nous n'avons pas à le faire, car *ils* ne le feraient pas, *ils* n'approuveraient pas. Mais la société change, donc l'opinion des voisins aussi, et se cramponner à une telle supposition n'aurait aucun sens.

Si quelqu'un vous dit : « Personne n'a jamais fait cela ainsi auparavant », vous pouvez répondre : « Et alors ? »

Il existe des centaines de façons de faire une chose, aussi choisissez celle qui vous convient. Nous nous adressons d'autres messages absurdes, tels que : « Je ne suis pas assez fort », « Je ne suis plus assez jeune », « Je n'ai pas l'âge », « Je ne suis pas assez grand. »

Et combien de fois avez-vous dit : « Je ne peux pas faire cela, je suis une femme — ou je suis un homme ? » Votre âme n'a pas de sexe. Vous avez choisi votre sexe avant de naître afin d'apprendre une leçon spirituelle. Vous sentir inférieur à cause de votre sexe n'est pas seulement une médiocre excuse, c'est aussi une autre façon de renoncer à votre pouvoir.

Nos limitations nous empêchent souvent d'exprimer et d'expérimenter la totalité des possibilités. « Je n'ai pas fait assez d'études. » Nous sommes nombreux à nous être laissés influencer par cette croyance. Nous devons prendre conscience que l'éducation est établie par un groupe de personnes qui décident : « Tu ne peux pas faire ceci ou cela sauf si tu le fais comme nous l'avons décidé. » Nous pouvons accepter ceci comme une limitation ou nous pouvons le dépasser. Je l'ai accepté pendant très, très longtemps, car j'avais quitté l'école assez jeune. Et je répétais toujours : « Oh, je n'ai aucune éducation. Je n'ai pas d'idées. Je ne pourrai pas trouver de travail. Je ne sais rien faire de bien. »

Et puis, un jour, je me suis rendu compte que la limitation résidait dans ma tête et n'avait rien à voir avec la réalité. En abandonnant mes propres croyances restrictives et en m'autorisant à m'avancer vers la totalité des possibilités, je découvris que je pouvais penser. Je découvris que j'étais très intelligente et que je pouvais communiquer. Je découvris encore toutes sortes de possibilités qui, considérées avec l'esprit étriqué du passé, paraissaient inaccessibles.

Limiter le potentiel en nous

Certains d'entre vous pensent tout savoir. Le problème, quand on sait tout, c'est qu'on ne grandit pas, et rien de neuf ne peut se produire. Reconnaissez-vous qu'il y a un Pouvoir et une Intelligence plus grands que vous, ou croyez-vous être « cela » — vous, dans votre corps physique ? Si vous pensez être « cela », alors vous vous exposez à la peur à cause de votre esprit limité. Si vous prenez conscience qu'il existe un Pouvoir, dans cet Univers, bien plus grand et plus sage, et que vous faites partie de Cela, vous pénétrez alors dans l'espace où la totalité des possibilités peut opérer.

Combien de fois vous permettez-vous de stagner dans les limitations de votre conscience présente ? Chaque fois que vous dites « Je ne peux pas », vous mettez le panneau *stop* devant vous. Vous fermez la porte de votre sagesse intérieure et vous bloquez le flux d'énergie, votre connaissance spirituelle. Êtes-vous disposé à aller au-delà de ce que vous croyez aujourd'hui ? Vous vous êtes levé ce matin avec certaines idées. Vous êtes tout à fait capable de les dépasser pour expérimenter une réalité bien plus vaste. Cela s'appelle apprendre — parce que vous recevez quelque chose de nouveau. Quelque chose qui peut s'intégrer à ce qui est déjà là ou se révéler bien plus intéressant.

Avez-vous remarqué que lorsque vous entreprenez de ranger votre placard, vous vous débarrassez de vêtements et d'un tas de choses dont vous n'avez plus besoin ? Vous mettez de côté ce que vous donnerez et jetez ce qui n'est plus utilisable. Puis vous commencez à remettre tout en place, mais dans un ordre totalement différent. Il est plus facile de trouver ce que vous cherchez et, par la même occasion, vous avez fait de la place pour les nouvelles affaires. Si vous aviez acheté un ensemble neuf avant le rangement, vous auriez sans doute eu du mal à le mettre dans ce placard encombré. À présent, après tri et rangement, votre ensemble neuf trouve aisément sa place.

Nous devons agir de même avec notre esprit. Débarrassons-le de ce qui ne nous correspond plus afin de libérer de l'espace pour les nouvelles possibilités. Où Dieu est, tout est possible, et Dieu est en chacun de nous. Si nous continuons avec nos idées préconçues, nous sommes bloqués. Si quelqu'un est malade, dites-vous : « Oh, le pauvre, comme il doit souffrir ! », ou bien pouvez-vous regarder cette personne et voir l'absolue vérité d'être et affirmer la santé du Pouvoir divin qui réside en elle ? Pouvez-vous voir la totalité des possibilités et savoir que les miracles sont possibles ?

J'ai rencontré un homme qui m'a affirmé très pompeusement qu'il était tout à fait impossible à un adulte de changer. Il vivait dans le désert, souffrait de toutes sortes de maux et cherchait à vendre sa propriété.

Il refusait de changer son schéma de pensée et se montrait en conséquence très rigide quand il s'agissait de négocier avec un acheteur. La vente devait se dérouler selon ses lois. Il était manifeste qu'il se heurterait à de grosses difficultés pour mener cette vente à bien, car il demeurait convaincu de ne jamais pouvoir changer. Pourtant, il lui suffisait simplement d'ouvrir sa conscience pour accéder à une nouvelle façon de penser.

Élargir nos horizons

Comment nous empêchons-nous d'accéder à cette totalité des possibilités ? Quels sont les autres obstacles qui nous limitent ? Toutes nos peurs sont des limitations. Si vous avez peur et que vous dites : « Je ne peux pas ; cela ne marchera pas », que se passera-t-il ? Les expériences angoissantes continueront à se présenter. Les jugements sont des limitations. Aucun de nous n'aime être jugé et pourtant, combien de fois le faisons-nous ? Nous encourageons les limitations par nos jugements. Chaque fois que vous vous surprenez à juger ou à critiquer, même d'une façon bénigne, rappelez-vous que ce que vous émettez vous reviendra. Vous souhaiterez peut-être cesser de limiter vos possibilités en n'ayant plus désormais que de très belles pensées.

Il existe une différence entre être critique et avoir une opinion. On peut vous demander votre jugement sur un fait. En réalité, vous donnez votre opinion. Émettre une opinion signifie donner son avis : « Je préfère ne pas faire ceci. Je préfère porter du rouge plutôt que du bleu. »

Prétendre que quelqu'un a tort parce qu'il porte du bleu relève du jugement. Il nous faut bien dissocier les deux. Rappelez-vous que la critique implique que vous, ou quelqu'un d'autre, ait tort. Si on vous demande votre opinion, votre préférence, prenez garde qu'elles ne deviennent pas un jugement ou une critique.

De la même manière, chaque fois que vous vous sentez coupable, vous vous fixez des limites. Si vous blessez quelqu'un, excusez-vous et ne recommencez pas. Ne vous sentez surtout pas coupable, car cela vous empêcherait d'expérimenter votre bien et n'aurait rien à voir avec la réalité de votre être vrai.

Quand vous refusez de pardonner, vous limitez votre croissance. Le pardon vous permet d'effacer une erreur dans votre moi spirituel, de remplacer la rancœur par la compréhension, d'éprouver de la compassion plutôt que de la haine.

Considérez vos problèmes comme des occasions de grandir. Confronté à un problème, ne voyez-vous que les restrictions de votre esprit limité ? Pensez-vous : « Pauvre de moi, pourquoi est-ce que cela n'arrive qu'à moi ? » Vous n'avez pas toujours besoin de connaître à l'avance le dénouement d'une situation. Vous devez vous en remettre au Pouvoir et à la Présence en vous, qui sont bien plus grands que vous. Vous devez affirmer que tout est bien et que tout contribuera à votre plus grand bien. Si vous vous ouvrez aux possibilités quand vous avez des problèmes, vous pouvez accomplir des changements ; ceux-ci sont susceptibles de survenir d'une façon totalement inattendue, qui dépasse peut-être même votre imagination.

Il nous est arrivé à tous de nous retrouver dans des situations où nous avons pensé : « Comment vais-je m'en sortir ? » Nous avions l'impression d'être devant un mur infranchissable et pourtant nous sommes tous là aujourd'hui, après avoir surmonté l'épreuve quelle qu'elle fût. Peut-être n'avons-nous pas compris comment c'est arrivé, mais *c'est* arrivé. Plus nous nous mettons en harmonie avec l'énergie cosmique, l'Intelligence unique, la Vérité et le Pouvoir en nous, plus vite ces merveilleuses possibilités peuvent se réaliser.

La conscience de groupe

Il est essentiel que nous abandonnions nos pensées et croyances limitées et éveillions notre conscience à une vue plus cosmique de l'existence. La conscience supérieure sur cette planète se développe à une vitesse plus rapide que jamais. Récemment, on m'a montré un graphique tout à fait fascinant. Il indiquait la croissance de différents systèmes dans notre histoire et la manière dont ils avaient évolué. La croissance industrielle a pris le pas sur le développement agricole puis, vers les années cinquante, débuta le règne de l'information avec la vague des communications et de l'informatique.

En parallèle à cette période d'essor de l'information, la courbe de l'éveil de la conscience est beaucoup plus importante et progresse à un taux de croissance encore jamais atteint. Vous rendez-vous compte de ce que cela signifie ? Je voyage beaucoup et, partout où je me rends, je constate que les gens étudient et s'instruisent. Je suis allée en Australie, à Jérusalem, à Londres, à Paris et à Amsterdam et, partout, je rencontre de nombreuses personnes qui cherchent à ouvrir leur conscience et à s'éveiller. Tous ces gens, que les mécanismes de l'esprit fascinent, font appel à leur sagesse pour contrôler leur vie et leurs expériences.

Nous atteignons de nouveaux niveaux de spiritualité. Bien que les guerres de religion soient encore d'actualité, elles deviennent de moins en moins fréquentes. Nous commençons à nous relier les uns aux autres dans des registres plus élevés de la conscience. La chute du mur de Berlin et la naissance de la liberté en Europe sont des exemples de l'expansion des consciences — la liberté est notre droit de naissance. À mesure que les consciences individuelles s'éveillent, la conscience de groupe s'en trouve influencée.

Chaque fois que vous utilisez votre conscience d'une façon positive, vous vous reliez à d'autres personnes qui font de même. Chaque fois que vous l'utilisez d'une façon négative, vous vous reliez aussi à ceux qui agissent comme vous. Chaque fois que vous méditez, vous vous reliez à ceux qui, sur la planète, méditent. Chaque fois que vous visualisez le bien pour vous, vous le faites également pour les autres. Chaque fois que vous visualisez la guérison de votre corps, vous vous reliez à ceux qui le font aussi.

Notre but est d'élargir notre schéma de pensée et de dépasser *ce qui était* pour aller vers *ce qui pourrait être*.

Sachons que notre conscience peut créer des miracles dans le monde.

☆☆☆

La totalité des possibilités relie tout. Avec quoi vous reliez-vous ? Les préjugés sont une forme de peur. Si vous êtes pétri de préjugés, vous vous reliez aux gens qui le sont également. Si vous ouvrez votre conscience et vous efforcez de travailler sur un niveau d'amour inconditionnel, alors vous vous connectez à la courbe du graphique qui grimpe en flèche. Voulez-vous être à la traîne ? Ou voulez-vous être dans le mouvement ascendant de la courbe ?

Lorsqu'une crise survient dans le monde, combien de personnes envoient de l'énergie positive vers la région tourmentée et formulent l'affirmation que tout se résout très vite et qu'il existe une solution pour le plus grand bien de toutes les personnes concernées ? Vous devez utiliser votre conscience d'une façon qui créera l'harmonie et l'abondance pour tous. Quel genre d'énergie émettez-vous ? Au lieu de condamner et de vous plaindre, vous pouvez vous relier au Pouvoir sur un niveau spirituel et affirmer les résultats les plus positifs que vous puissiez imaginer.

☆☆☆

Jusqu'où êtes-vous prêt à élargir les horizons de votre pensée ? Êtes-vous disposé à aller au-delà de ceux de vos voisins ? Si vos voisins sont limités, recherchez de nouveaux amis. Jusqu'où irez-vous ? Êtes-vous vraiment prêt à changer le *je ne peux pas* en *je peux* ?

Chaque fois que vous entendez dire qu'une maladie est incurable, sachez en vous que ce n'est pas vrai. Sachez qu'il existe un Pouvoir plus grand. « Incurable », pour moi, signifie que la profession médicale n'a tout simplement pas encore découvert la façon de guérir cette maladie particulière. Cela ne veut pas dire que c'est impossible. Il faut rentrer en soi et trouver une voie de guérison. Nous pouvons échapper aux statistiques. Nous ne sommes pas des chiffres sur un tableau. Ces chiffres ne sont que la projection d'une personne à l'esprit limité. Si nous ne nous donnons pas les possibilités, nous ne nous permettons pas d'espérer. Le docteur Donald M. Pachuta, à la Conférence nationale sur le sida, à Washington, a déclaré que « nous n'avons jamais connu d'épidémie — *jamais* — qui soit à cent pour cent fatale. »

Quelque part, sur cette planète, on trouve un cas de guérison pour chacune des maladies que nous avons créées. Si nous acceptons sans réagir que le ciel nous tombe sur la tête, nous restons coincés. Nous devons adopter une approche positive afin de trouver des réponses. Commençons à utiliser le Pouvoir en nous pour nous guérir.

Nos autres pouvoirs

Il est dit que nous n'utilisons que dix pour cent de notre cerveau — rien que dix pour cent ! À quoi servent les quatre-vingt-dix pour cent qui restent ? Je pense que posséder des dons psychiques, télépathiques, de clairvoyance ou de clairaudience est tout à fait normal et naturel. Seulement, nous ne nous autorisons pas à expérimenter ces phénomènes. Nous avons toutes sortes de bonnes raisons pour ne pas le faire et de ne pas nous en croire capables. Les enfants sont souvent télépathes. Malheureusement, les parents s'interposent immédiatement : « Ne dis pas cela », ou bien : « Tu as trop d'imagination », ou bien encore : « Ne crois pas à toutes ces bêtises. » L'enfant, inévitablement, se coupe de ses dons.

À mon avis, l'esprit est capable de choses remarquables et je suis convaincue que je pourrais me rendre de New York à Los Angeles sans avion si seulement je savais comment me dématérialiser d'un côté et me rematérialiser de l'autre. Je ne sais pas encore le faire, mais je sais que c'est possible.

J'ai la conviction que nous sommes capables d'accomplir des choses incroyables, mais nous ne possédons pas encore la connaissance nécessaire, car nous ne l'utiliserions pas à bon escient. Avec cette connaissance, nous nuirions probablement à autrui. Nous devons parvenir à vivre réellement dans l'amour inconditionnel, avant de commencer à nous servir de ces quatre-vingt-dix autres pour cent de notre cerveau.

Marcher sur le feu

Combien d'entre vous ont entendu dire qu'on pouvait marcher sur le feu ? Chaque fois que je pose cette question lors de mes séminaires, plusieurs mains se lèvent. Nous savons tous qu'il est impossible de marcher sur des braises incandescentes, d'accord ? Personne ne peut le faire sans se brûler les pieds. Et pourtant des gens l'ont fait, des gens qui n'ont rien d'extraordinaire ; des gens comme vous et moi. Ils ont probablement appris à le faire en un soir, au cours d'un stage sur le sujet.

J'ai une amie, Darby Long, qui travaille avec le docteur Carl Simonton, le cancérologue. Ils organisent des séminaires d'une semaine pour des cancéreux et, durant ce cours, il est fait une démonstration de marche sur le feu. Darby l'a faite elle-même à plusieurs reprises et a même porté des gens sur les braises. J'ai toujours pensé qu'il devait être fantastique pour des cancéreux de voir et d'expérimenter un tel phénomène. Plus d'un en est sûrement bouleversé. Leurs concepts de limitation ne doivent plus être les mêmes ensuite.

Je suis certaine qu'Anthony Robbins, le jeune homme qui a commencé à marcher sur le feu aux États-Unis, est sur cette planète pour jouer un rôle extrêmement important. Il a étudié la PNL (programmation neuro-linguistique), procédé selon lequel on peut observer les schémas comportementaux de quelqu'un, puis répéter les réactions et indices du comportement de cette personne pour atteindre des résultats similaires. La PNL est basée sur les techniques d'hypnose du docteur Milton

Erickson, lesquelles ont été méthodiquement observées et enregistrées par John Grinder et Richard Bandler. Quand Tony a entendu parler de marche sur le feu, il a voulu apprendre et, en retour, l'enseigner aux autres. Un yogi lui a dit qu'il lui faudrait des années d'études et de méditation. Cependant, grâce à la PNL, Tony a pu apprendre en quelques heures. Il savait que s'il pouvait le faire, c'était à la portée de tous. Il enseigne comment marcher sur les braises, non pour se faire remarquer, mais pour montrer comment dépasser les limitations et les peurs.

Tout est possible

Répétez avec moi : « Je vis et demeure dans la totalité des possibilités. Où je suis réside tout le bien. » Réfléchissez à ces mots un instant. *Tout le bien.* Pas une partie, pas un peu, mais *tout le bien.*

Quand vous avez la conviction que tout est possible, vous vous ouvrez aux réponses dans tous les secteurs de votre existence.

Où nous sommes est la totalité des possibilités. Tout dépend de nous, que ce soit sur le plan individuel ou collectif. Soit nous vivons retranchés derrière des murs, soit nous les abattons et nous nous sentons suffisamment rassurés pour être complètement ouverts et permettre ainsi à tout le bien d'entrer dans notre existence. Commencez à vous observer avec objectivité. Remarquez ce qui se passe en vous — ce que vous éprouvez, la façon dont vous réagissez, ce que vous croyez — et autorisez-vous à observer sans commentaire ni jugement. Quand vous le pourrez, vous vivrez votre vie dans la totalité des possibilités.

Cinquième partie

S'AFFRANCHIR DU PASSÉ

La planète, en tant que tout, devient consciente. Elle devient consciente d'elle-même.

Chapitre 14

Changement et transition

Certains préféreraient quitter ce monde plutôt que de changer.

Changer ? Oui, nous sommes toujours prêts à changer, mais pas nous-mêmes — les autres. Quand je dis les autres, j'inclus aussi le gouvernement, la compagnie, le patron ou le collègue, le service des impôts, les étrangers ; l'école, le mari, la femme, la mère, le père, les enfants, etc. — tout le monde, sauf nous. Nous ne voulons pas changer, mais nous voulons que le reste du monde change afin que notre vie soit différente. Et pourtant, cela va de soi, tout changement que nous allons opérer devra venir de nous-mêmes.

Changer signifie que nous nous affranchissons des sentiments d'isolement, de séparation, de solitude, de colère, de peur et de souffrance. Nous créons une existence emplie d'une paix merveilleuse, où nous pouvons nous détendre et apprécier la vie telle qu'elle nous est offerte — où nous savons que tout se passera bien. J'aime affirmer : « La vie est merveilleuse, tout est parfait dans mon univers, et j'avance toujours plus vers le plus grand bien. » De cette façon, la direction qu'emprunte ma vie importe peu, car je sais qu'elle est la bonne. En outre, je peux apprécier toutes les situations et circonstances.

Une femme, à l'une de mes conférences, traversait une période de crise et le mot *douleur* revenait sans cesse dans la conversation. Elle demanda s'il existait un autre mot qu'elle puisse employer. Je songeai au jour où je m'étais coincé le doigt en fermant une fenêtre. Je savais alors que, si je me livrais à la douleur, je m'exposais à des moments très durs. Aussi commençai-je aussitôt à travailler mentalement en songeant que mon doigt connaissait beaucoup de sensations. Envisager les choses sous cet angle m'a aidée, je pense, à guérir mon doigt bien plus rapidement et à supporter ce qui aurait pu être une expérience très pénible. Parfois, il suffit de modifier un tant soit peu sa façon de penser pour transformer complètement une situation.

Considérez le changement comme un ménage intérieur. Si vous le faites petit à petit, vous finirez par en venir à bout. Toutefois, vous n'avez pas besoin de l'avoir terminé pour constater les premiers résultats. Si vous changez rien qu'un petit peu, vous commencerez à vous sentir mieux très vite.

✩✩✩

J'étais chez le révérend O.C. Smith de la City of Angels Science of Mind Church pour le nouvel an et il tint des propos qui me donnèrent à réfléchir :

« *Nous sommes au nouvel an, mais prenez conscience que la nouvelle année ne vous changera pas. Ce n'est pas parce qu'une nouvelle année débute que quelque chose changera dans votre vie. Le changement ne peut survenir que si vous êtes disposés à entrer en vous et à créer ce changement.* »

C'est si vrai. Au premier janvier, les gens prennent toutes sortes de bonnes résolutions, mais étant donné qu'ils n'opèrent aucun changement à l'intérieur d'eux-mêmes, ces résolutions s'évanouissent très vite. « Je ne fumerai plus », ou quelque chose du même genre, déclare quelqu'un. Déjà, c'est une formule négative et non un message qui indique au subconscient ce qu'il doit faire. Dans la même situation, vous pourriez dire : « Tout désir de fumer m'a quitté et je suis libre. »

Tant que nous n'aurons pas accompli ces change-ments intérieurs, tant que nous ne serons pas prêts à effectuer le travail mental, rien à l'extérieur de nous ne changera. Et pourtant, ces changements intérieurs peuvent être d'une simplicité déconcertante, car la seule chose qu'il nous faut modifier est nos pensées.

Que pouvez-vous faire de positif pour vous-même cette année que vous n'avez pas fait l'année dernière ? Prenez un instant et réfléchissez à cette question. Qu'aimeriez-vous abandonner cette année qui vous paraissait si indispensable l'an passé ? Que souhaiteriez-vous changer dans votre vie ? Êtes-vous prêt à le faire ?

Vous trouverez toutes les informations nécessaires pour vous aider une fois que vous serez décidé à vous transformer. À partir du moment où vous serez prêt à changer, vous serez surpris de voir les voies qu'emprunte l'Univers pour vous aider. Il vous apporte ce dont vous avez besoin. Ce peut être un livre, une cassette, un professeur ou même la remarque d'un ami qui prendra une signification profonde pour vous.

Quelquefois, les conditions empireront avant de s'améliorer, mais il n'y a pas à s'inquiéter, car le processus est engagé. Les vieux barrages tombent, laissez-vous porter par le courant Ne paniquez pas, n'envisagez pas l'échec. Continuez à formuler vos affirmations et à implanter les nouvelles croyances.

Progresser

Évidemment, il existe une période de transition entre le moment où vous décidez d'accomplir ce changement et celui où vous constatez les résultats. Vous oscillez entre l'ancien et le nouveau. Vous allez d'avant en arrière, entre ce qui était et ce que vous voudriez qui soit. C'est un processus normal et naturel. Souvent, j'entends les gens dire : « Oui, d'accord, je sais tout cela. » Je leur réponds : « Et vous le faites ? » Connaître le processus et l'appliquer constituent deux étapes bien distinctes. Être bien installé dans la nouvelle attitude et avoir complètement changé exige du temps. Jusque-là, vous devez être vigilant et soutenir vos efforts.

Beaucoup, par exemple, formulent leurs affirmations trois ou quatre fois et arrêtent. Ensuite, ils prétendent que les affirmations ne marchent pas, ou qu'il s'agit d'une méthode stupide et que sais-je encore. Vous devez vous donner le temps de pratiquer afin d'accomplir les changements ; le changement exige l'action. Comme je l'ai dit, c'est ce que vous faites après avoir formulé vos affirmations qui compte le plus.

Tandis que vous traversez cette période de transition, pensez à vous féliciter pour chaque petit pas que vous accomplissez dans la bonne direction. Si vous vous condamnez pour être redescendu d'un pas en arrière, alors l'effort devient pesant. Employez tous les outils à votre disposition en progressant de l'ancien vers le nouveau. Rassurez l'enfant en vous, dites-lui qu'il ne craint rien.

✩✩✩

Pour Gerald Jampolsky, auteur de plusieurs livres, aimer, c'est se libérer de la peur, et il n'y a que deux émotions : la peur et l'amour. Si nous ne venons pas de l'espace aimant du cœur, nous sommes dans la peur, et tous les états tels que l'isolement, la séparation, la colère, la culpabilité et la solitude participent du syndrome de la peur. Il nous faut passer de la peur à l'amour et faire de l'amour une attitude plus permanente pour nous.

Le changement peut emprunter une multitude de voies. Que faites-vous chaque jour pour vous sentir bien ? Ce n'est sûrement pas en blâmant les autres ou en jouant la victime que vous y parvenez. Alors que faites-vous ? Comment établissez-vous la paix en vous et autour de vous ? Si vous ne le faites pas encore, êtes-vous disposé à commencer ? Êtes-vous prêt à créer votre harmonie et votre paix intérieures ?

Une autre question que vous devriez vous poser est celle-ci : « Est-ce que je souhaite vraiment changer ? » Voulez-vous continuer à vous plaindre parce que vous n'avez pas tout ce que vous désirez ? Voulez-vous réellement embellir votre vie ? Si vous êtes disposé à changer, c'est possible. Si vous êtes prêt à faire le travail nécessaire, vous pouvez transformer votre vie pour le mieux. Je n'ai aucun pouvoir sur vous et je ne peux pas m'en charger à votre place. Vous avez le pouvoir — efforcez-vous de garder ceci constamment en mémoire.

☆☆☆

Rappelez-vous qu'en maintenant la paix intérieure, nous nous relions à tous les esprits pacifiques du monde. La spiritualité nous relie tous sur le plan de l'âme et le sentiment de spiritualité cosmique que nous commençons tout juste à expérimenter est en passe de transformer le monde pour le mieux.

Spiritualité, pour moi, ne signifie pas nécessairement religion. Les religions nous disent qui et comment aimer, et qui le mérite. Selon moi, nous méritons tous l'amour ; nous sommes tous dignes d'amour. Notre spiritualité est notre lien direct avec notre source supérieure et nous n'avons pas besoin d'intermédiaire. Commencez par voir que la spiritualité peut tous nous relier sur le niveau très profond de l'âme.

Plusieurs fois par jour, vous pourriez marquer une pause pour vous demander : « *Avec quel genre de personne est-ce que je me relie en ce moment ?* » Interrogez-vous régulièrement : « *Quelles sont mes croyances quant à cette circonstance ou situation ?* » Et réfléchissez-y. Demandez : « *Qu'est-ce que j'éprouve ? Est-ce que je veux réellement faire ce que ces gens me suggèrent ? Pourquoi est-ce que je le fais ?* » Commencez à examiner vos pensées et sentiments. Soyez honnête avec vous-même. Découvrez ce que vous pensez et croyez. Ne fonctionnez pas sur pilotage automatique en suivant une routine quotidienne : « Voici comment je suis et voici ce que je fais. » Pourquoi le faites-vous ? Si l'expérience n'est ni positive ni enrichissante, découvrez d'où elle vient. Quand vous y êtes-vous engagé ? Vous savez quoi faire à présent. Reliez-vous à l'Intelligence en vous.

Le stress est synonyme de peur

Le stress est à la mode. Tout le monde semble stressé pour une raison ou une autre. Stress est un mot en vogue et nous en usons au point qu'il me paraît devenir un faux-fuyant. « Je suis tellement stressé », « C'est vraiment stressant », etc.

Le stress, pour moi, est une réaction de peur face aux changements constants de la vie. C'est une excuse dont nous usons pour ne pas prendre nos émotions en charge. Si nous identifions le mot « stress » à celui de « peur », nous pouvons éliminer le besoin de peur dans notre vie.

La prochaine fois que vous vous sentirez stressé, demandez-vous ce qui vous effraie. « *Comment est-ce que je me surcharge ou m'accable ? Pourquoi est-ce que je me dessaisis de mon pouvoir ?* » Découvrez ce que vous vous imposez qui crée cette peur en vous et vous empêche d'atteindre un état intérieur d'harmonie et de paix.

Le stress n'est pas 1'harmonie intérieure. L'harmonie intérieure est un état de paix avec vous-même. On ne peut à la fois être stressé et connaître 1'harmonie intérieure. Quand vous êtes en paix, vous faites une chose à la fois. Vous ne vous laissez pas déborder. Quand vous vous sentez stressé, arrangez-vous pour relâcher la peur afin de pouvoir progresser en toute sécurité dans votre existence. N'utilisez pas le mot « stress » comme une échappatoire. N'accordez pas à ce petit mot un tel pouvoir. Rien n'a de pouvoir sur vous.

Vous êtes toujours en sécurité

La vie est une série de portes qui s'ouvrent et se ferment. Nous passons d'une pièce à l'autre pour vivre différentes expériences. Beaucoup souhaiteraient fermer quelques portes sur les vieux schémas négatifs, les vieux blocages, les situations qui ne leur sont plus d'aucune utilité. Beaucoup sont engagés dans le processus d'ouvrir de nouvelles portes et de trouver des expériences nouvelles et merveilleuses.

Je pense que nous venons et revenons très souvent sur cette planète pour y apprendre différentes leçons. C'est comme aller à l'école. Avant de nous incarner à une époque particulière, nous décidons de la leçon que nous allons apprendre afin d'évoluer sur le plan spirituel. Une fois que nous avons choisi la leçon, nous choisissons toutes les circonstances et situations qui nous permettront de l'apprendre, y compris nos parents, notre sexe, le lieu de naissance et la race. Si vous êtes arrivé jusqu'ici, croyez-moi, c'est que vous avez fait tous les bons choix.

Il est essentiel, toujours, de vous rappeler que vous ne courez aucun risque. Vous n'avez rien à craindre du changement. Faites confiance à votre Conscience supérieure pour vous conduire et vous guider sur les voies les plus adaptées à votre croissance spirituelle. Ainsi que l'a dit Joseph Campbell : « Suivez votre bonheur suprême. »

Voyez-vous vous ouvrir des portes sur la joie, la paix, la guérison, la prospérité et l'amour, des portes donnant sur la compréhension, la compassion, le pardon et la liberté ; sur le mérite, l'estime et l'amour de soi. Vous êtes éternel. Vous continuerez à jamais de passer d'une expérience à l'autre. Même quand vous franchirez le seuil de la dernière porte sur cette planète, ce ne sera pas la fin. Ce sera le début, une fois de plus, d'une nouvelle aventure.

☆☆☆

Vous ne pourrez jamais forcer qui que ce soit à changer. Vous pouvez offrir aux autres une atmosphère mentale positive où ils trouveront la possibilité de changer s'ils le souhaitent. Cependant, vous ne pouvez le faire pour eux. Chacun est ici pour apprendre ses propres leçons et si vous vous en chargez à la place d'un autre, il devra tôt ou tard refaire l'expérience, car il n'aura rien appris par lui-même. Il n'aura pas vécu et compris ce pour quoi il est venu.

Aimez vos frères et vos sœurs. Permettez-leur d'être ce qu'ils sont. Sachez que la vérité est toujours en eux et qu'ils peuvent se transformer à tout moment si tel est leur désir.

Chapitre 15

Un monde où l'on peut s'aimer en toute sécurité

On peut soit détruire la planète, soit la guérir. Envoyez-lui chaque jour de l'énergie d'amour et de guérison. C'est la façon dont nous utilisons notre esprit qui fait toute la différence.

La planète traverse vraiment une période de changement et de transition. Nous passons d'un ordre ancien à un nouvel ordre ; certains prétendent qu'il a débuté avec l'ère du Verseau — les astrologues, tout du moins, aiment à présenter les choses ainsi. Pour moi, l'astrologie, la numérologie, la chiromancie et toutes ces méthodes de divination ne sont que des moyens de décrire la vie. Chacune nous l'explique d'une manière légèrement différente.

Ainsi, selon les astrologues, nous passons de l'ère des Poissons à celui du Verseau. Durant l'ère des Poissons, nous cherchions des sauveurs. Dans l'ère du Verseau, dans laquelle nous nous engageons, nous commençons à rentrer en nous et à comprendre que nous avons la capacité de nous sauver nous-mêmes.

Transformer ce qui ne nous plaît pas procure une merveilleuse sensation de liberté. En fait, je ne suis pas si sûre que le monde se transforme ; je crois plutôt que c'est nous qui devenons plus conscients. Ce qui se déroulait depuis longtemps dans l'ombre apparaît aujourd'hui au grand jour : la dysfonction familiale, les mauvais traitements infligés aux enfants, la dégradation de notre planète...

Comme pour tout, nous devons d'abord prendre conscience de ce qui se passe afin d'apporter les modifications nécessaires. Nous procédons à notre ménage mental pour nous transformer et agissons de même avec la Terre Mère.

Nous commençons à voir notre Terre comme un organisme complet, vivant, animé du souffle de vie, une entité, un être en lui-même. Elle respire. Son cœur bat. Elle prend soin de ses enfants. Elle leur procure tout ce dont ils ont besoin. Elle est totalement équilibrée. Si vous passez une journée dans la forêt ou quelque part dans la nature, vous pouvez vous rendre compte que tous les systèmes sur la planète fonctionnent à la perfection. La Terre est conçue pour vivre son existence dans un équilibre et une harmonie absolus et parfaits.

Et nous, la grande humanité qui sait tant de choses, nous faisons de notre mieux pour détruire le monde en perturbant cet équilibre et cette harmonie. Notre voracité contrecarre cette harmonie à un point inimaginable. Nous nous croyons les plus forts et, à travers notre ignorance et nos convoitises, nous détruisons l'organisme vivant dont nous faisons partie. Si nous anéantissons la Terre, où allons-nous vivre ?

Quand je suggère aux gens de s'occuper davantage de la planète, ils se sentent accablés par les problèmes qui se posent à nous aujourd'hui. À les entendre, une personne seule n'aura jamais la moindre influence sur l'ensemble du problème. Mais c'est faux. Si chacun faisait un petit peu, ce serait beaucoup au bout du compte. Vous ne verrez peut-être pas le résultat d'une façon tangible, mais croyez-moi, la Terre Mère le ressentira à l'échelle collective.

Avec mon groupe de soutien pour le sida, nous avons installé une petite table pour vendre des livres. Récemment, nous nous sommes trouvés à court de sacs en papier pour emballer les livres et j'ai pensé que je pourrais me mettre à garder ceux qu'on me donnait dans les magasins. Au début, je ne pensais pas en récolter beaucoup, mais je me trompais lourdement. Ce fut une véritable avalanche ! Un de mes employés fit la même expérience. Lui non plus n'avait aucune idée du nombre de sacs qui lui passaient entre les mains en une semaine jusqu'à ce qu'il les mette de côté. Et quand on établit le rapport avec la Terre Mère, on peut songer à tous ces arbres que l'on abat pour utiliser ces sacs une heure ou deux, rarement plus, avant de les jeter. Si vous pensez que j'exagère, essayez vous-même : gardez les sacs qu'on vous donne et comptez combien vous en utilisez.

Désormais, j'ai un grand sac en tissu où je mets mes achats ; si j'oublie de le prendre, je demande dans un magasin un grand sac dans lequel je place toutes mes autres emplettes. Cela évite d'avoir à demander plusieurs sacs. Personne n'a jamais trouvé cela bizarre. C'est tellement plus raisonnable.

Les Américains, particulièrement, accordent une grande importance au conditionnement des marchandises. Lors de mon voyage au Mexique, il y a quelques années, je me suis rendue sur un marché traditionnel et j'ai été fascinée par les fruits et légumes sans apprêt qui y étaient exposés. Ils n'étaient sans doute pas aussi jolis que ceux que l'on trouve aux États-Unis, mais ils me paraissaient tout à fait naturels et sains ; parmi les personnes qui m'accompagnaient, certaines ne les trouvèrent cependant pas ragoûtants.

Dans un autre coin du marché, des boîtes ouvertes offraient une variété d'épices en poudre. De nouveau, je fus subjuguée, car les boîtes colorées et gaies étaient un vrai régal pour les yeux. Mes amis déclarèrent que jamais ils n'achèteraient des épices vendues ainsi, dans des boîtes ouvertes. Devant mon étonnement, ils m'expliquèrent que ce n'était pas propre. Quand je leur demandai pourquoi, il me *fut* cette fois répondu que les épices n'étaient pas conditionnées. Cela me fit rire. Pensaient-ils que les épices poussaient dans des sachets aseptisés ? Nous nous sommes tellement habitués à ce que les produits nous soient présentés d'une certaine manière qu'il nous est difficile de les accepter s'ils ne sont pas joliment empaquetés et enrubannés.

Soyons disposés à voir où nous pouvons apporter quelques petites modifications à nos habitudes pour le profit de l'environnement. Même si vous vous contentez d'acheter un sac en tissu pour vos courses ou de fermer le robinet pendant que vous vous brossez les dents, votre participation est très importante.

Dans mes bureaux, nous jetons le moins possible. Le responsable de la maintenance de l'immeuble emporte chaque semaine notre papier recyclable dans une usine. Nous réutilisons les enveloppes matelassées. Nous imprimons nos livres sur papier recyclé chaque fois que c'est possible, même s'il est un peu plus cher. Parfois, nous n'en trouvons pas, mais nous persistons à en demander, car nous nous sommes rendu compte que, si nous continuons à en réclamer, de plus en plus de fournisseurs en proposeront. Le processus est le même dans tous les domaines. En créant une demande pour un produit, nous participons, en tant que pouvoir collectif, par des moyens différents, à la guérison de la planète.

Chez moi, je suis une jardinière écologique ; j'ai fait un compost pour le jardin. Tout élément végétal finit sur ce compost. Pas une seule feuille d'arbre ou de salade ne quitte ma propriété. *Je* pense qu'il faut rendre à la terre ce qui lui appartient. Quelques amis me gardent même leurs épluchures. Ils les conservent dans leur congélateur et me les apportent à l'occasion d'une visite. Ce qui arrive sous forme d'ordures ressort en sol riche d'engrais pour les plantes. Grâce à ce recyclage, mon jardin produit à profusion, comble tous mes besoins et est magnifique.

Consommez des aliments nutritifs

Notre planète est conçue pour nous procurer absolument tout ce dont nous avons besoin. Notamment la nourriture. Si nous consommons les aliments de la Terre, nous serons en bonne santé, car ils sont inclus dans le dessein originel. Cependant, dans notre grande intelligence, nous avons créé des aliments artificiels, et nous nous demandons ensuite pourquoi notre santé n'est pas florissante. Beaucoup d'entre nous n'écoutent les conseils diététiques que d'une oreille distraite. « Oui, je sais », déclarons-nous tout en nous gavant à longueur de journée de produits saturés de sucre. Quand les premiers repas « tout prêts » et « vite cuisinés » ont été lancés sur le marché, tout le monde a trouvé cela fantastique. À présent, deux générations plus tard, il existe des gens qui ne connaissent même pas le goût d'une nourriture naturelle. Tout est mis en boîte, conditionné, congelé, dénaturé par les produits chimiques et, pour finir, passé au four à micro-ondes.

J'ai lu récemment que le système immunitaire des jeunes militaires d'aujourd'hui n'est pas aussi sain que celui de leurs prédécesseurs, il y a vingt ans. Si nous ne donnons pas à notre organisme les éléments naturels dont il a besoin pour croître et se régénérer, comment pouvons-nous espérer qu'il dure toute une vie ? Ajoutez la drogue, les cigarettes, l'alcool et une dose de mépris de soi, et vous obtiendrez un terrain idéal pour voir fleurir le mal-être.

J'ai vécu il y a peu de temps une expérience très intéressante. J'ai suivi ce qu'on appelle des « Cours de Conducteur Responsable ». Se trouvaient là beaucoup de personnes de plus de cinquante-cinq ans qui espéraient manifestement obtenir une réduction de trois à dix pour cent sur l'assurance de leur voiture. J'ai trouvé fascinant que nous passions toute la matinée à parler de maladies — toutes celles que l'on peut s'attendre à contracter en vieillissant. Nous avons évoqué les maladies oculaires, auriculaires et cardiaques. À l'heure du déjeuner, quatre-vingt-dix pour cent de ces mêmes personnes ont traversé la rue pour s'engouffrer dans le premier restaurant de fast-food venu.

Pour moi, c'est la preuve que nous n'avons toujours rien compris. Un millier de personnes meurent chaque jour à cause du tabac. C'est-à-dire 365 000 par an. Près de 500 000 autres meurent du cancer chaque année. Ils sont un million à succomber à des infarctus. Un million ! Nous le savons tous, alors pourquoi persistons-nous à courir dans les restaurants de fast-food et à n'accorder que si peu d'attention à notre corps ?

Nous guérir et guérir notre planète

Cette période de transition est en partie catalysée par la crise du sida. Cette crise nous met face à notre manque d'amour et nos préjugés les uns vis-à-vis des autres. Nous avons si peu de compassion envers les personnes atteintes. Une des choses que j'aimerais voir se produire sur cette planète, et à laquelle je souhaite participer, est la création d'un monde où l'on peut s'aimer les uns les autres en toute sécurité.

Enfants, nous voulions être aimés pour ce que nous étions, même si nous étions trop maigres ou trop gros, trop laids ou trop timides. Nous venons sur cette planète pour apprendre l'amour inconditionnel — d'abord pour nous-mêmes, et ensuite pour le donner aux autres. Nous devons nous débarrasser de cette idée de *eux et nous*. *Eux et nous* n'existe pas ; il n'y a que nous. Personne n'est méprisable ou *moins que*.

Chacun d'entre nous a une liste de *ces gens-là*. Nous ne pourrons jamais être vraiment sur la voie spirituelle tant qu'il restera de *ces gens-là*. Pour beaucoup, nous avons grandi dans des familles où les mentalités étaient profondément entachées de préjugés. Cette personne ou ces gens n'étaient pas assez bien. Afin de nous valoriser, nous n'hésitions pas à écraser les autres. Toutefois, ces défauts que nous persistons à voir chez autrui ne sont en réalité que le reflet de nos propres faiblesses. Rappelez-vous que nous sommes tous les miroirs les uns des autres.

☆☆☆

Je me souviens du jour où j'ai été conviée au *Oprah Winfrey Show*. Je suis passée à la télévision avec cinq malades du sida qui s'en sortaient très bien. Tous les six, nous nous étions rencontrés la veille pour dîner et cette réunion s'était révélée très riche. Une énergie extraordinaire circulait autour de la table. Et je me suis mise à pleurer, car c'était une chose pour laquelle je me battais depuis plusieurs années — faire passer au public américain le message positif que l'espoir est là. Ces gens se guérissaient eux-mêmes et ce n'était pas facile. La profession médicale les avait condamnés. Ils avaient dû expérimenter différentes méthodes, en tâtonnant, et étaient prêts à aller au-delà de leurs propres limitations.

Nous avons enregistré l'émission le lendemain et tout s'est passé à merveille. J'étais heureuse que des femmes atteintes du sida soient aussi représentées sur le plateau. Je voulais que l'Amérique moyenne ouvre son cœur et prenne conscience que le sida n'affecte pas seulement un milieu qui ne les concerne pas. Le sida frappe tout le monde. Au moment où je partais, Oprah m'a rappelée et, hors caméra, m'a chaleureusement étreinte.

Je crois que nous avons vraiment fait passer ce message d'espoir ce jour-là. J'ai entendu Bernie Siegel dire qu'il existe des cas d'auto-guérison pour toutes les formes de cancer. L'espoir est donc bien toujours là et il nous donne toutes les possibilités. Nous pouvons toujours tendre vers quelque chose au lieu de baisser les bras et dire qu'il n'y a rien à faire.

☆☆☆

Le sida remplit sa fonction de maladie, rien de plus. Je suis atterrée à l'idée que de plus en plus d'hétérosexuels succomberont au sida à cause de la lenteur du gouvernement et de la profession médicale. Tant que le sida sera considéré comme une maladie d'homosexuels, il ne bénéficiera pas de toute l'attention qui lui est due ; combien de personnes « normales » devront-elles mourir avant qu'on le considère comme une maladie courante ?

Je pense que plus tôt nous en finirons avec nos préjugés et travaillerons pour trouver une solution positive à la crise, plus vite la planète guérira. Toutefois, nous ne pouvons apporter cette énergie de guérison tant que nous laissons souffrir autrui. À mon avis, le sida fait partie intégrante de la pollution de la Terre. Vous rendez-vous compte que des dauphins, au large de la côte de Californie, meurent de maladies d'immunodéficience ? Je ne pense pas que ce soit en raison de leurs mœurs sexuelles. Nous avons pollué notre terre de sorte qu'une bonne partie de la nature est impropre à la consommation. Nous tuons les poissons dans nos eaux. Nous polluons l'air, si bien que nous avons désormais des pluies acides et un trou dans la couche d'ozone. Et nous continuons à polluer notre organisme.

Le sida est une maladie terrible, et pourtant le nombre de personnes atteintes est bien moindre que celui des victimes du cancer, du tabac et des maladies cardiaques. Nous cherchons des poisons toujours plus violents pour venir à bout des maladies que nous créons, cependant nous refusons de changer notre style de vie et notre alimentation. Plutôt que de guérir le mal, nous préférons le refouler par les médicaments ou l'extirper par l'opération.

Plus nous refoulons, plus nous incitons le problème à se manifester d'une autre manière. Il est encore plus incroyable d'apprendre que les médicaments et la chirurgie ne traitent que dix pour cent des maladies. Absolument. Les sommes extravagantes que nous dépensons en produits pharmaceutiques, en rayons, en chirurgie, ne concernent que dix pour cent de nos maladies !

Selon un article que j'ai lu, les maladies du siècle prochain seront provoquées par de nouvelles souches de bactéries qui attaqueront nos systèmes immunitaires affaiblis. Ces souches de bactéries ont commencé à muter, si bien que nos médicaments actuels n'auront aucun effet sur elles. Il est manifeste que plus nous fortifierons notre système immunitaire, plus vite nous nous guérirons et guérirons la planète. Et je ne parle pas seulement de notre système immunitaire physique ; il s'agit aussi de nos systèmes immunitaires mental et émotionnel.

☆☆☆

Selon moi, la guérison nécessite un effort d'équipe. Votre médecin pourra traiter les symptômes de la maladie, mais le problème ne sera pas pour autant réglé. Guérir signifie devenir entier, global. Pour être guéri, vous devez faire partie de l'équipe, vous et votre médecin ou le personnel soignant hospitalier. Il existe de nombreux médecins holistiques qui ne se contentent pas de vous soigner physiquement, mais qui vous considèrent comme une personne à part entière.

Nous avons vécu avec des systèmes de croyance erronés, pas seulement sur le plan individuel, mais aussi collectif. Certains prétendent que les maux d'oreilles sont héréditaires dans leur famille. D'autres sont persuadés que s'ils sortent sous la pluie, ils vont attraper un rhume, ou qu'ils ont systématiquement trois rhumes chaque hiver. Ou que, si quelqu'un est grippé au bureau, tout le monde le sera inévitablement, puisque c'est contagieux. « Contagieux » est un concept et le concept lui-même est contagieux.

Nombreux sont ceux qui parlent de la maladie comme étant héréditaire. Je ne pense pas qu'il en soit nécessairement ainsi. Je pense en revanche que nous héritons des schémas mentaux de nos parents. Les enfants sont très conscients. Ils commencent à imiter leurs parents, y compris leurs maladies. Si le père contracte le côlon chaque fois qu'il est en colère, l'enfant le copie. Il ne faudra donc pas s'étonner que, quand le père fera une colite, des années plus tard, l'enfant, là aussi, l'imitera. Tout le monde sait que le cancer n'est pas contagieux, alors pourquoi les cas se succèdent-ils au sein d'une même famille ? Parce que les schémas de rancœur se transmettent d'une génération à l'autre. La rancœur s'accumule et se développe jusqu'à ce que, finalement, le cancer se déclare.

✩✩✩

Arrangeons-nous pour être au fait de tout afin que nos choix et nos décisions soient conscients et intelligents. Certaines choses peuvent nous horrifier (cela fait partie du processus d'éveil) mais, confrontées à elles, nous pouvons agir. Tout dans l'Univers, depuis les enfants maltraités et le sida, jusqu'à l'indigence et la famine, a besoin de notre amour. Un petit enfant aimé et apprécié deviendra un adulte fort et sûr de lui.

La planète qui, si nous la laissons être elle-même, nous offre la vie et tout ce dont nous avons besoin, prendra toujours soin de nous. Oublions nos limitations passées.

Ouvrons-nous au potentiel de cette décennie fantastique. Nous pouvons faire de ces dix dernières années du siècle une époque de guérison. Nous avons le Pouvoir en nous de tout assainir — notre corps, nos émotions et tous les désordres variés que nous avons occasionnés. Regardons autour de nous et voyons ce qui a besoin de nos soins. La façon dont chacun d'entre nous choisit de vivre aura un impact considérable sur notre avenir et sur le monde.

Pour le plus grand bien de tous

Vous pouvez profiter de cette époque pour appliquer vos propres méthodes de croissance à la planète tout entière. Si vous vous contentez d'agir pour la planète au mépris de vous-même, votre action n'est pas équilibrée. Il en va de même si vous travaillez pour vous-même sans aller plus loin.

Aussi, voyons comment nous pouvons trouver notre équilibre *et* celui de notre environnement. Nous savons que nos pensées façonnent et créent notre existence. Nous ne vivons pas toujours à la hauteur de cette philosophie, cependant, nous en avons accepté les principes de base. Si nous voulons changer notre monde immédiat, nous devons changer notre schéma de pensée. Si nous souhaitons changer le monde au sens le plus large, alors changeons nos pensées en ce qui le concerne, sans voir de dualité entre *eux et nous*.

Si toute l'énergie que vous mettez à vous plaindre de ce qui ne va pas dans le monde était canalisée en affirmations et visualisations positives, vous pourriez commencer à changer la face des choses. Rappelez-vous que, chaque fois que vous émettez une pensée, vous vous connectez aux gens qui pensent de la même manière. Si vous critiquez, si vous jugez, si vous usez de préjugés, vous vous connectez à ceux qui ont la même attitude négative. En revanche, si vous méditez, si vous visualisez la paix, si vous vous aimez et aimez la planète, vous vous connectez à ceux qui partagent ces idées. Vous pouvez être chez vous, cloué au lit, et pourtant aider à la guérison de la Terre par votre façon de penser — en pratiquant la paix intérieure. J'ai entendu Robert Schuller, des Nations Unies, déclarer : « La race humaine a besoin de savoir que nous méritons la paix. » Quelle vérité dans ces propos...

☆☆☆

Si nous pouvons aider les jeunes à prendre conscience de ce qui se passe dans le monde et leur donner des options pour participer à sa guérison, alors nous commencerons vraiment à assister à une mutation des consciences. Enseigner très tôt à nos enfants la préservation de l'environnement est une façon de les rassurer en leur montrant que d'importants efforts sont accomplis en ce sens. Bien que certains adultes persistent à ne pas se responsabiliser face à la situation du monde qui les entoure, nous pouvons assurer aux enfants que de plus en plus de gens à travers le monde sont avertis des effets à long terme de la pollution globale et s'efforcent d'y remédier. S'investir en tant que famille dans une organisation écologique telle que *Greenpeace* ou *Earthsave* est fantastique, car il n'est jamais trop tôt pour faire comprendre aux enfants que nous devons tous nous responsabiliser pour le bien de notre planète.

Je vous recommande le livre de John Robbins : *Se Nourrir sans Faire Souffrir.* Je trouve réellement intéressant que John Robbins, héritier de la compagnie du célèbre glacier Baskin Robbins, consacre ses efforts à créer un monde holistique et paisible. Il est merveilleux de savoir que certains enfants de ceux qui exploitent la santé de la nation renoncent à suivre la même direction que leurs parents et s'emploient à aider la planète.

Des groupes de volontaires se dévouent pour se substituer au gouvernement là où il ne répond pas à nos attentes. Si le gouvernement ne nous aide pas à préserver notre environnement, nous ne pouvons pas attendre en nous tournant les pouces. Nous devons faire converger nos efforts et en prendre soin nous-mêmes. Nous avons tous notre rôle à jouer. Commencez par trouver l'endroit où vous pouvez être utile. Portez-vous volontaire là où cela est possible. Donnez une heure de votre temps par mois si vous ne pouvez pas faire davantage.

Nous sommes à un point aujourd'hui où, soit nous courons tous à notre perte, soit nous guérissons la planète. Et cela ne dépend pas *d'eux,* mais de nous, tant sur le plan individuel que collectif.

Les opportunités de fusion entre les technologies scientifiques passées et futures et les vérités spirituelles d'hier, d'aujourd'hui et de demain, se multiplient. Il est temps que ces éléments se rejoignent. En comprenant que les actes de violence viennent d'une personne traumatisée dans son enfance, nous pouvons unir notre connaissance aux technologies pour aider cette personne à changer. Ne perpétuons pas la violence en fomentant des guerres ou en jetant les gens dans les prisons où nous les oublierons. Encourageons au contraire la prise de conscience, l'estime de soi, l'amour de soi. Les outils pour la transformation sont à notre disposition ; il ne tient qu'à nous de les utiliser.

☆☆☆

Lazaris* propose un merveilleux exercice que j'aimerais vous présenter. Choisissez un endroit de la planète. Peu importe lequel — très loin ou à deux pas de chez vous. Un endroit de la planète que vous aimeriez aider à guérir. Visualisez cet endroit baigné de paix, peuplé de gens bien nourris, bien vêtus, et vivant dans l'harmonie et la tranquillité. Consacrez quelques instants, chaque jour, à votre visualisation.

---

* Célèbre channel américain (N.d.T.)

Servez-vous de votre amour pour aider à la guérison de la Terre. Vous êtes important En partageant votre amour et tous les dons magnifiques que vous avez en vous, vous commencerez à changer l'énergie sur cette belle et fragile planète bleu-vert, que nous nommons notre maison.

Qu'il en soit ainsi !

Postface

Je me souviens du temps où je ne savais pas du tout chanter. Non que je sois plus douée aujourd'hui, mais au moins je suis plus courageuse. J'invite les gens à chanter à la fin de mes séminaires et groupes de soutien. Peut-être qu'un jour je prendrai des leçons. Toutefois, je n'en suis pas encore là.

Un jour, je me mis à chanter et à entraîner tout le monde. Le technicien du son coupa brusquement mon micro. Joseph Vattimo, mon assistant, s'écria : « Mais qu'est-ce que vous faites ? » « Elle chante faux ! » répondit le technicien. C'était réellement très embarrassant. À présent, je n'y accorde plus aucune importance. Je chante avec mon cœur et il semble s'ouvrir un petit peu plus chaque fois.

J'ai vécu certaines expériences extraordinaires, et ce qui m'a ouvert le cœur à un niveau très profond est d'avoir travaillé avec des malades du sida. Désormais, je peux serrer dans mes bras des gens que, il y a trois ans, je ne pouvais même pas regarder. J'ai dépassé nombre de mes propres limitations. En retour, j'ai découvert tant d'amour — partout où je vais, les gens m'offrent énormément d'amour.

En octobre 1987, nous nous sommes rendus, Joseph et moi, à Washington pour participer à une manifestation destinée à obtenir l'aide du gouvernement pour le sida. J'ignore si beaucoup de gens connaissent le *quilt du sida.* C'est réellement incroyable. Une foule de gens de toutes les régions des États-Unis se sont rassemblés et ont confectionné des pièces de quilt ; chacune d'elles fut faite en souvenir d'une personne morte du sida. Toutes ces pièces, confectionnées avec tant d'amour, seront ensuite assemblées avec d'autres pièces en provenance du monde entier pour créer un énorme quilt.

À Washington, les pièces furent regroupées par quartiers et distribuées entre le Capitole et le mémorial de Lincoln. À six heures du matin, nous commençâmes à lire les noms des personnes sur le quilt. Au fur et à mesure de notre lecture, les gens dépliaient la pièce et la plaçaient près des autres. Ce furent des moments très émouvants, comme vous pouvez l'imaginer. Les gens pleuraient un peu partout.

J'étais là, debout, avec ma liste, attendant de la lire, quand quelqu'un vint me taper sur l'épaule. « Je peux vous poser une question ? » Je me retournai et le jeune homme qui se tenait derrière moi put voir mon nom inscrit sur mon badge. Il s'écria : « Louise Hay ! Oh, mon Dieu ! » et se jeta dans mes bras en sanglotant. Quand enfin il put se ressaisir, il me confia que son ami avait lu mon livre de nombreuses fois et que, sur le point de quitter ce monde, il lui avait demandé de lui en lire un passage. Tous deux, ensemble, ils avaient lu lentement. Les derniers mots de son ami avaient été : « Tout est bien », et il avait rendu l'âme.

Et ce jour-là, je me trouvai face à ce garçon. Il en était extrêmement ému. Quand il fut suffisamment remis, je lui demandai ce qu'il avait voulu me dire. Il n'avait en fait pas eu le temps de terminer la pièce pour son ami et souhaitait que j'ajoute néanmoins son nom sur ma liste. Il s'était adressé à moi par hasard. Je me rappelle cet instant avec précision, car il m'a montré que la vie est vraiment très simple et que les choses essentielles sont elles aussi très simples.

Je voudrais partager avec vous une citation d'Emmett Fox. Pour ceux qui ne le connaissent pas, il fut un professeur très populaire dans les années quarante, cinquante et au début des années soixante, et l'un des plus explicites que je connaisse. Il a écrit de superbes livres et ces paroles de lui sont mes préférées :

Il n'existe aucune difficulté dont on ne puisse venir à bout avec l'amour. Aucune maladie que l'amour ne puisse guérir. Aucune porte que l'amour ne puisse ouvrir. Aucun abîme qu'un pont d'amour ne puisse franchir. Aucun mur que l'amour ne puisse abattre. Et aucun péché que l'amour ne puisse racheter. Il ne fait aucune différence que le problème soit profondément enraciné. Que l'avenir paraisse sans espoir. Que l'écheveau semble irrévocablement emmêlé. Que la faute soit grave. Une expression d'amour suffira à tout dissoudre. Et si vous pouviez aimer assez, vous seriez l'être le plus heureux et le plus puissant du monde.

C'est vrai, vous savez. C'est merveilleux et c'est vrai. De quoi avez-vous besoin pour parvenir à cet endroit où vous pourriez être l'être le plus heureux et le plus puissant du monde ? Je pense que le voyage intérieur ne fait que débuter. Nous commençons tout juste à connaître le Pouvoir qui est en nous. Nous ne le trouverons pas si nous nous raidissons. Plus nous nous ouvrirons, plus nous trouverons les énergies de l'Univers qui sont là pour nous aider. Nous sommes capables des plus grandes réalisations.

Prenez quelques inspirations et expirations. Ouvrez votre poitrine et donnez à votre cœur l'espace suffisant pour s'élargir. Pratiquez sans relâche et tôt ou tard les barrières tomberont, une à une. Aujourd'hui est pour vous l'aube d'un Jour nouveau.

Je vous aime,
Louise L. Hay

Annexe

Méditations pour la guérison personnelle et planétaire

Remerciez-vous d'être centré quand tout s'agite autour de vous .Remerciez-vous d'être courageux et de faire bien plus que vous ne vous en croyiez capable.

Le travail de guérison que nous accomplissons à la fin de nos séminaires et de nos groupes de soutien est très puissant. Nous nous répartissons généralement en groupes de trois et faisons une sorte d'imposition des mains les uns sur les autres. C'est une façon merveilleuse d'accepter et de partager l'énergie avec des personnes qui, d'une manière ou d'une autre, se refusent à demander de l'aide. Souvent, de profondes expériences en résultent.

J'aimerais vous communiquer quelques-unes des méditations que nous faisons à la fin de nos cercles de guérison. Ce serait fantastique si nous les faisions sur une base suivie, soit seuls, soit en groupe.

Atteindre notre enfant intérieur

Voyez l'enfant qui est en vous ; par quelque moyen que ce soit ; notez son expression et ce qu'il ressent. Rassurez-le. Excusez-vous auprès de lui. Dites-lui que vous regrettez de l'avoir abandonné. Vous êtes resté absent très longtemps et à présent vous souhaitez rattraper le temps perdu. Promettez à cet enfant que plus jamais vous ne le quitterez. Chaque fois qu'il le désire, il peut tendre la main vers vous, vous serez là. S'il a peur, vous le prendrez dans vos bras. S'il est furieux, vous le laisserez exprimer sa colère. Dites-lui que vous l'aimez.

Vous avez le pouvoir de participer à la création d'un monde dans lequel vous aimeriez vivre, vous et votre enfant. Vous avez le pouvoir de votre esprit et de vos pensées. Voyez-vous en train de créer un monde merveilleux. Voyez votre enfant détendu, en sécurité, paisible, qui rit, heureux, qui joue avec des amis. Qui court. Qui caresse une fleur. Qui étreint un arbre. Qui cueille une pomme et la croque à belles dents. Qui joue avec un chiot ou un chaton. Qui s'élance très haut sur sa balançoire. Qui court vers vous en riant pour sauter dans vos bras et vous serrer très fort.

Voyez-vous tous les deux, en pleine santé, vivant dans une belle maison, loin de tout danger. Voyez-vous entretenir de merveilleuses relations avec vos parents, vos amis et vos collègues. Être accueilli avec joie partout où vous allez. Voyez où vous voulez habiter et le genre de travail que vous voulez faire. Et voyez-vous en bonne santé. En très bonne santé. Et heureux. Et libre. Qu'il en soit ainsi.

Un monde sain

Visualisez le monde comme un endroit fantastique où il fait bon vivre. Voyez tous les malades qui se rétablissent et les sans-abri que l'on aide. Voyez les maladies appartenir désormais à un passé révolu et les hôpitaux transformés en logements. Voyez les détenus à qui l'on apprend à s'aimer et qu'on libère ensuite comme citoyens responsables. Voyez les Églises bannir le péché et la culpabilité de leurs enseignements. Voyez les gouvernements s'occuper réellement des gens.

Sortez et sentez tomber la pluie pure. Quand elle s'arrête, voyez un bel arc-en-ciel apparaître. Voyez le soleil briller et remarquez l'air pur et clair. Sentez sa fraîcheur. Voyez l'eau scintiller dans nos rivières, nos ruisseaux, nos lacs. Notez la végétation luxuriante. Les forêts peuplées d'arbres. Les fleurs, les fruits, les légumes abondants et partout offerts. Voyez les êtres guéris de leurs maux, de sorte que la maladie devienne un simple souvenir.

Voyagez dans d'autres pays et voyez la paix, voyez l'harmonie entre les êtres alors que sont déposées les armes. Jugement, critique et préjugés n'ont plus court et disparaissent. Voyez les frontières et les séparations se dissoudre. Voyez tous les êtres ne plus faire qu'un. Voyez la Terre Mère, notre planète, guérie et épanouie.

Vous êtes en train de créer ce monde nouveau en cet instant, rien qu'en utilisant votre esprit pour le visualiser. Vous êtes puissant. Vous êtes important et vous comptez. Vivez votre vision. Sortez et faites ce que vous pouvez pour rendre cette vision réelle. Que Dieu nous bénisse tous. Qu'il en soit ainsi.

Votre lumière de guérison

Regardez profondément au centre de votre cœur et voyez ce minuscule point lumineux et brillamment coloré. C'est une si belle couleur. C'est le centre même de votre amour et de votre énergie de guérison. Observez ce petit point de lumière qui commence à pulser. En pulsant, il grandit jusqu'à emplir votre cœur. Voyez sa lumière se répandre dans votre corps depuis le sommet de votre crâne jusqu'à la pointe de vos orteils et de vos doigts. Vous rayonnez littéralement de cette très belle couleur. C'est votre amour et votre énergie de guérison. Laissez votre corps entier vibrer de cette lumière. Vous pouvez vous dire : « À chacune de mes inspirations, je rayonne de plus en plus de santé. »

Sentez cette lumière nettoyer votre corps du mal-être et permettre à la santé de vous revenir. Laissez-la rayonner dans toutes les directions et atteindre les gens autour de vous. Laissez votre énergie de guérison atteindre tous ceux que vous connaissez qui en ont besoin. Quel privilège de pouvoir partager votre amour, votre lumière et votre énergie de guérison avec ceux qui ont besoin de guérir ! Laissez votre lumière pénétrer dans les hôpitaux, les hospices, les orphelinats, les asiles, les prisons et autres établissements de désespoir. Laissez-la apporter l'espoir, l'illumination et la paix.

Laissez-la pénétrer dans chaque foyer de votre ville touché par la souffrance et la peine. Laissez votre amour, votre lumière et votre énergie de guérison apporter le réconfort à ceux qui en ont besoin. Laissez-la entrer dans les églises et adoucir les cœurs de ceux qui s'y trouvent, afin qu'ils officient avec un amour inconditionnel. Laissez cette magnifique lumière issue de votre cœur s'infiltrer dans les bureaux du gouvernement et apporter avec elle l'illumination et le message de vérité. Laissez-la se répandre dans toutes les capitales de tous les gouvernements. Choisissez un endroit sur la Terre que vous aimeriez particulièrement aider. Concentrez votre lumière sur ce lieu. Ce peut être très loin ou à deux pas de chez vous. Concentrez votre amour, votre lumière et votre énergie de guérison sur cet endroit et voyez-le s'équilibrer, s'harmoniser. Voyez-le dans sa globalité. Prenez un instant chaque jour pour envoyer votre amour, votre lumière et votre énergie de guérison à ce lieu particulier du monde. Nous sommes les gens. Nous sommes les enfants. Nous sommes le monde. Nous sommes l'avenir. Ce que nous donnons nous revient magnifié. Qu'il en soit ainsi.

Accueillez l'enfant

Posez la main sur votre cœur. Fermez les yeux. Permettez-vous non seulement de voir votre enfant intérieur, mais d'être cet enfant. Laissez votre propre voix parler pour vos parents alors qu'ils vous accueillent dans le monde et dans leur vie. Entendez-les qui vous disent :

Nous sommes si heureux que tu sois venu. Nous t'attendions. Nous voulions tellement que tu fasses partie de la famille. Tu es très important pour nous. Nous sommes si contents que tu sois un petit garçon (une petite fille). Nous aimons ton caractère unique et spécial. La famille ne serait pas la même sans toi. Nous t'aimons. Nous voulons te serrer dans nos bras. Nous voulons t'aider à grandir et à être tout ce que tu peux être. Tu n'as pas besoin de nous ressembler. Tu peux être toi-même. Tu es si beau. Si intelligent. Si créatif. Cela nous fait tellement plaisir que tu sois avec nous. Nous t'aimons plus que tout au monde. Nous te remercions d'avoir choisi notre famille. Nous savons que tu es béni. Et tu nous as bénis en venant parmi nous. Nous t'aimons. Nous t'aimons du fond du cœur.

Laissez votre petit enfant rendre ces mots réels pour lui. Soyez conscient de pouvoir, tous les jours, vous étreindre et prononcer ces paroles. Vous pouvez le dire à votre reflet dans le miroir. Vous pouvez tenir un ami dans les bras et prononcer ces mots.

Dites-vous toutes les choses que vous auriez aimé entendre de vos parents. Votre enfant a besoin de se sentir désiré et aimé. Offrez-lui cela. Peu importe que vous soyez âgé, malade ou angoissé, votre enfant a besoin d'être désiré et aimé. Répétez-lui constamment : « Je te désire et je t'aime. » C'est la vérité pour vous. L'Univers vous désire ici et c'est la raison pour laquelle vous y êtes. Vous avez toujours été aimé et le serez toujours, à travers l'éternité. Vous pourrez vivre éternellement dans le bonheur. Qu'il en soit ainsi.

Recevoir la prospérité

Prenons conscience de certaines qualités positives pour nous-mêmes. Nous sommes ouverts et réceptifs à des idées nouvelles et merveilleuses. Nous autorisons la prospérité à entrer dans notre vie à un niveau qu'elle n'a jamais atteint auparavant. Nous méritons ce qu'il y a de mieux. Nous sommes disposés à accepter ce qu'il y a de mieux. Nos revenus augmentent sans cesse. Nous abandonnons la misère mentale pour la prospérité mentale. Nous nous aimons. Nous nous réjouissons d'être ce que nous sommes et nous savons que la vie est là pour nous et nous procurera tout ce dont nous avons besoin. Nous allons de succès en succès, de joie en joie et d'abondance en abondance. Nous sommes un avec le Pouvoir qui nous a créés. Nous exprimons pour nous-mêmes la grandeur que nous sommes. Nous sommes des expressions divines et magnifiques de la Vie et sommes ouverts et réceptifs à tout le bien. Qu'il en soit ainsi.

L'amour est guérison

L'amour est la force de guérison la plus puissante qui soit. Je m'ouvre à l'amour. Je suis disposé à aimer et à être aimé. Je me vois prospère. Je me vois en bonne santé. Je me vois comblé dans la créativité. Je vis en paix et en toute sécurité.

Envoyez à tous ceux que vous connaissez des pensées de réconfort, d'acceptation, de soutien et d'amour. Soyez conscient que, comme vous émettez ces pensées, vous les recevez également en retour.

Enveloppez tous les membres de votre famille dans un cercle d'amour, qu'ils soient encore de ce monde ou non. Incluez vos amis, vos collègues et toutes les personnes de votre passé, ainsi que tous ceux à qui vous aimeriez pardonner, mais sans savoir comment vous y prendre.

Envoyez de l'amour à tous les malades du sida, les cancéreux, leurs amis et conjoints, le personnel des hospices, les médecins, les infirmières, les thérapeutes, tous les soignants. Voyez une fin au sida et au cancer. Sous vos paupières closes, voyez un grand titre qui proclame : « Le cancer enfin vaincu. Le sida enfin vaincu. »

Placez-vous dans ce cercle d'amour. Pardonnez-vous. Affirmez que vous entretenez des relations merveilleuses et harmonieuses avec vos parents, que le respect et l'affection sont là, de part et d'autre.

Laissez ce cercle d'amour envelopper la planète et laissez votre cœur s'ouvrir afin de trouver en vous cet espace d'amour inconditionnel. Voyez tout le monde vivre avec dignité, dans la paix et la joie.

Vous êtes digne d'amour. Vous êtes beau. Vous êtes puissant. Vous vous ouvrez à tout le bien. Qu'il en soit ainsi.

Nous sommes libres d'être nous-mêmes

Pour devenir des êtres complets, nous devons accepter toutes les parties de nous-mêmes. Alors laissez s'ouvrir votre cœur et faites beaucoup de place pour y accueillir toutes les parties de vous-même. Celles dont vous êtes fier et celles qui vous gênent. Celles que vous rejetez et celles que vous aimez. Toutes celles qui vous composent. Vous êtes beau. Nous le sommes tous. Quand votre cœur déborde d'amour pour vous-même, vous avez énormément à partager avec les autres.

Laissez cet amour se répandre à présent dans la pièce et imprégner tous ceux que vous connaissez. Placez les personnes de votre choix au centre de la pièce afin qu'elles reçoivent l'amour dont votre cœur déborde. L'amour de votre enfant pour le leur. Maintenant, voyez tous les enfants de toutes ces personnes en train de danser comme dansent les enfants — ils rient, ils sautent, ils font des pirouettes et des galipettes, ils exultent. Ils expriment ce qu'il y a de mieux en eux.

Laissez votre enfant jouer avec les autres. Laissez-le danser. Laissez-le se sentir en sécurité et libre. Laissez votre enfant être tout ce qu'il a toujours voulu être. Vous êtes parfait, total et complet, et tout est bien dans votre monde merveilleux. Qu'il en soit ainsi.

Partager votre énergie de guérison

Secouez-vous les mains et frottez-les ensuite l'une contre l'autre. Puis partagez l'énergie contenue dans vos mains avec l'être magnifique que vous avez en face de vous. C'est un tel honneur, un tel privilège de partager l'énergie de guérison avec un autre être. C'est une chose si simple à faire.

Chaque fois que vous vous retrouvez avec des amis, vous pouvez passer quelques instants à partager l'énergie de guérison. Nous avons besoin de donner aux autres et de recevoir des autres ; il existe des façons simples et enrichissantes de le faire. Ce geste dit : « *Tu comptes pour moi.* » Nous ne pouvons peut-être pas tout guérir, mais nous sommes là, avec notre affection. *Je suis ici pour toi et je t'aime.* Ensemble nous trouverons les réponses.

Toutes les maladies connaissent une fin. Toutes les crises connaissent une fin. Ressentez l'énergie de guérison. Laissons cette énergie, cette intelligence, cette connaissance, s'éveiller en nous. Nous méritons d'être complètement nous-mêmes. Nous méritons de savoir et d'aimer qui nous sommes. L'amour divin a toujours comblé et comblera toujours les besoins humains. Qu'il en soit ainsi.

Un cercle d'amour

Voyez-vous debout dans un espace offrant une sécurité totale. Abandonnez vos fardeaux, vos peines et vos peurs. Vos vieux schémas négatifs et vos dépendances. Voyez-les qui sortent de vous. Voyez-vous debout dans votre endroit bien protégé, les bras ouverts, et dites : « Je suis ouvert et réceptif à. » Affirmez pour vous-même ce que vous souhaitez. Pas ce que vous ne voulez pas, mais ce que vous voulez. Et sachez que c'est possible. Voyez-vous dans votre totalité et rayonnant de santé. En paix. Voyez-vous empli d'amour.

Il nous suffit d'une seule idée pour transformer notre vie. Sur cette planète, nous pouvons vivre dans un cercle de haine ou bien dans un cercle d'amour et de guérison. J'ai choisi de vivre dans un cercle d'amour. Je me rends compte que tout le monde a les mêmes aspirations que moi. Nous voulons nous exprimer de façon créative et enrichissante. Nous voulons être en paix et en sécurité.

Et dans cet espace, sentez votre lien avec les autres êtres du monde. Laissez votre amour aller de cœur en cœur. Comme vous émettez cet amour, sachez qu'il vous revient magnifié. « *J'envoie des pensées réconfortantes à tous et je sais que ces pensées me reviennent.* » Voyez le monde devenir un fantastique cercle de lumière. Qu'il en soit ainsi.

Vous méritez l'amour

Nous n'avons pas besoin de tout croire. En un point parfait de l'espace-temps, ce dont vous avez besoin se manifestera. Chacun d'entre nous a la possibilité de s'aimer davantage. Chacun d'entre nous mérite d'être aimé. Nous méritons de vivre bien, d'avoir une santé florissante, d'être aimés et aimants, de prospérer, et le petit enfant en nous mérite de grandir pour connaître une vie merveilleuse.

Voyez-vous entouré d'amour. Voyez-vous heureux, en bonne santé, total. Voyez-vous vivre l'existence que vous souhaitez. Rentrez dans les détails. Sachez que vous la méritez. Puis prenez l'amour de votre cœur et laissez-le se répandre, emplir votre corps d'énergie de guérison.

Laissez votre amour emplir peu à peu la pièce, puis la maison ou l'appartement, jusqu'à ce que vous vous trouviez dans un énorme cercle d'amour. Sentez cet amour circuler, de manière à ce qu'en sortant de vous, il vous revienne. L'amour est la force de guérison la plus puissante. Laissez-la circuler, encore et encore. Laissez-la nettoyer votre corps. Vous êtes amour. Qu'il en soit ainsi.

Une nouvelle décennie

Voyez une nouvelle porte s'ouvrir sur une décennie de grande guérison. Une guérison que nous n'avons pas comprise dans le passé. Nous sommes en train d'apprendre les capacités incroyables que nous possédons en nous. Et nous apprenons à entrer en contact avec ces parties de nous qui détiennent les réponses et qui sont là pour nous guider pour notre plus grand bien.

Alors voyons cette nouvelle porte s'ouvrir toute grande et voyons-nous la franchir pour trouver une multitude de formes de guérison. Car la guérison prend une signification différente pour chacun. Nombre d'entre nous ont un corps qui a besoin de guérir. Certains ont un cœur ou un esprit qui a besoin de guérir. Aussi sommes-nous ouverts et réceptifs à la guérison dont chacun d'entre nous a besoin individuellement. Nous ouvrons en grand la porte de la croissance personnelle et en franchissons le seuil, conscients que nous sommes en sécurité. Il s'agit de changer, rien de plus. Qu'il en soit ainsi.

Je suis esprit

Nous sommes les seuls à pouvoir sauver le monde. Quand nous nous rassemblons avec une cause commune, les réponses nous parviennent. Nous devons toujours nous rappeler qu'il existe une part en nous qui est bien plus que notre corps, bien plus que notre personnalité, bien plus que notre maladie et bien plus que notre passé. Il y a une partie de nous qui est plus que nos relations. Le cœur même de notre être est esprit pur. Éternel. Il l'a toujours été et le sera toujours.

Nous sommes ici pour nous aimer nous-mêmes. Et pour nous aimer les uns les autres. En aimant, nous trouverons les réponses qui nous permettront de nous guérir et de guérir la planète. Nous vivons des temps exceptionnels. Le changement se manifeste dans tous les domaines. Nous ne mesurons peut-être même pas la profondeur des problèmes. Et pourtant, nous avançons de notre mieux. Cela aussi passera et nous trouverons des solutions.

Nous sommes esprit. Et nous sommes libres. Nous nous relions à un niveau spirituel, car nous savons que ce niveau ne pourra jamais nous être enlevé. Et sur le niveau de l'esprit, nous sommes tous un. Nous sommes libres. Qu'il en soit ainsi.

Un monde de sécurité

Peut-être aimerez-vous donner la main aux personnes se tenant à votre droite et à votre gauche. Nous avons abordé beaucoup de sujets et chacun d'entre nous a pu se reconnaître quelque part. Nous avons parlé de choses négatives et de choses positives. Nous avons parlé de peurs et de frustrations et avons dit combien il était effrayant de s'avancer vers quelqu'un simplement pour lui dire « bonjour ». Nombre d'entre nous ne se font toujours pas confiance pour prendre soin d'eux-mêmes. Et nous nous sentons perdus et seuls.

Pourtant, nous travaillons sur nous-mêmes depuis un certain temps et avons remarqué que notre vie changeait. Bien souvent, ce qui était problème dans le passé ne l'est plus aujourd'hui. Le changement ne s'opère pas d'un jour à l'autre, mais avec de la détermination et de la persévérance, les choses positives se manifestent.

Aussi partageons notre énergie et notre amour avec les personnes de chaque côté de nous. Sachez que, quand nous donnons depuis le cœur, nous recevons également depuis d'autres cœurs. Ouvrons notre cœur afin d'envelopper d'amour, de soutien et d'affection tous ceux qui sont présents dans la pièce. Élargissons cet amour à ceux qui, dans la rue, n'ont ni logis ni nulle part où aller. Partageons notre amour avec ceux qui sont en colère, apeurés ou qui souffrent. Avec tout le monde. Avec tous ceux qui vivent une situation de rejet. Avec tous ceux qui sont en train de quitter ce monde, et ceux qui sont déjà partis.

Partageons notre amour avec tous, qu'ils l'acceptent ou non. D'aucune façon nous ne pourrons être blessés si notre amour est refusé. Prenons toute la planète dans notre cœur, les animaux, les poissons, les oiseaux, la végétation, tous les êtres humains. Tous ces gens furieux ou frustrés. Ceux qui sont différents de nous, ceux que l'on dit mauvais. Prenons-les dans notre cœur, eux aussi. Afin que, en se sentant rassurés, ils commencent à reconnaître qui ils sont réellement.

Voyez la paix se répandre sur la Terre. Sachez que vous contribuez à la paix, à cet instant même. Réjouissez-vous d'avoir la capacité d'agir. Vous êtes beau. Reconnaissez-vous comme un être merveilleux. Sachez que c'est la vérité pour vous. Qu'il en soit ainsi.

Aimez toutes les parties de vous-même

J'aimerais que vous retourniez à l'époque où vous aviez cinq ans et que vous vous voyiez aussi clairement que possible. Regardez cet enfant et, les bras tendus, dites-lui : « *Je suis ton avenir et je suis venu pour t'aimer.* » Étreignez-le et ramenez-le avec vous dans le présent. Maintenant, vous vous tenez tous les deux devant un miroir ; ainsi vous pouvez vous regarder avec amour.

Vous voyez que certaines parties de vous ne sont pas là. Une fois de plus, remontez le temps et arrivez au moment où vous venez de naître. Vous êtes mouillé, l'air est froid sur votre corps. Vous arrivez tout juste d'un voyage difficile. Les lumières sont trop fortes, le cordon ombilical est encore attaché et vous avez peur.

Cependant, vous êtes prêt à commencer à vivre sur cette planète. Aimez ce bébé.

Arrivez au moment où vous apprenez à marcher. Vous vous mettez debout et retombez, vous vous relevez et tombez encore. Soudain, vous faites votre premier pas, puis un autre, un autre encore. Vous êtes si fier de vous. Aimez cet enfant.

Avancez jusqu'à votre premier jour d'école. Vous ne voulez pas quitter votre mère. Avec courage, vous franchissez le seuil d'une nouvelle tranche de votre vie. Vous avez fait de votre mieux face à la situation. Aimez cet enfant.

Vous avez à présent dix ans. Vous vous souvenez de ce qui se passait. C'est peut-être effrayant, ou merveilleux. Vous vous efforcez du mieux que vous pouvez de survivre. Aimez cet enfant de dix ans.

Allez jusqu'à l'époque de la puberté, à l'adolescence. C'est peut-être excitant, car vous commencez enfin à grandir. C'est peut-être inquiétant, car vous êtes soumis à la pression de l'entourage qui vous dicte la façon d'être et d'agir correctement. Vous vous débrouillez comme vous le pouvez. Aimez cet adolescent.

À présent, vous terminez vos études. Vous en savez plus que vos parents. Vous êtes prêt à entrer de plain-pied dans l'existence, de la façon dont vous le souhaitez. Vous êtes courageux mais aussi angoissé. Aimez ce jeune adulte.

Maintenant, rappelez-vous votre premier jour dans la vie active. Votre premier salaire : vous êtes très fier. Vous voulez tellement bien faire. Il y a tant à apprendre. Vous faites au mieux de vos possibilités. Aimez cette personne.

Songez à une autre étape importante de votre existence. Un mariage. La naissance de votre enfant. Une nouvelle maison. L'expérience a pu être horrible ou très belle. Quoi qu'il en soit, vous y avez survécu, et de la meilleure façon possible pour vous. Aimez cette personne.

À présent, rassemblez toutes ces parties de vous-même et, debout devant le miroir, considérez-les toutes avec amour. Aller au-devant de vous est encore une autre partie de vous. Votre avenir se tient les bras écartés et déclare : « *Je suis ici pour t'aimer.* » Qu'il en soit ainsi.

Ressentez votre pouvoir

Ressentez votre pouvoir. Sentez le pouvoir de votre souffle. Sentez le pouvoir de votre son. Sentez le pouvoir de votre amour. Sentez le pouvoir de votre pardon. Sentez le pouvoir de votre volonté de changer. Sentez votre pouvoir. Vous êtes beau. Vous êtes un être divin, magnifique. Vous méritez tout le bien, pas seulement un peu, mais *tout* le bien. Sentez votre pouvoir. Soyez en paix avec lui, car vous ne craignez rien. Accueillez ce jour nouveau à bras ouverts et avec amour. Qu'il en soit ainsi.

La lumière est venue

Asseyez-vous face à votre partenaire et tenez-lui les mains. Regardez-vous dans les yeux. Prenez une profonde inspiration et relâchez toute peur que vous pouvez avoir. Inspirez de nouveau et relâchez votre jugement ; permettez-vous d'être avec cette personne. Ce que vous voyez en elle est le reflet de vous-même, un reflet de ce qui est en vous.

Tout est bien. Nous sommes tous un. Nous respirons le même air. Nous buvons la même eau. Nous consommons les nourritures de la Terre. Nous avons les mêmes désirs, les mêmes besoins. Nous voulons tous être en bonne santé. Nous voulons tous aimer et être aimé. Nous voulons tous vivre dans le confort, la paix et la prospérité. Nous voulons tous vivre notre vie de façon épanouie.

Permettez-vous de regarder cette personne avec amour et soyez disposé à recevoir son amour en retour. Sachez que vous êtes en sécurité. Alors que vous regardez cette personne, affirmez pour elle la santé parfaite. Affirmez pour elle des relations aimantes, afin qu'elle soit entourée de gens aimants partout où elle ira. Affirmez pour elle la prospérité afin qu'elle vive dans le confort. Affirmez pour elle le bien-être et la sécurité et sachez que ce que vous émettez vous revient magnifié. Alors affirmez ce qu'il y a de mieux ; sachez qu'elle le mérite et voyez-la qui l'accepte. Qu'il en soit ainsi.

Autres livres de Louise L. Hay aux Éditions AdA

Pour obtenir une copie
de notre catalogue
veuillez nous contacter :
AdA
1385, boul. Lionel-Boulet
Varennes, Québec
J3X 1P7
Fax : 450.929.0220
info@ada-inc.com
www.ada-inc.com